LA TACITA DE TÉ

POR: T. MONARCH
2019

Créditos

Autor:
T. Monarch
(Anónimo)

Editora:
Sadie Hernández
Living Word Publishing House

Diseño Portada y Diagramación interna:
Sofía Baus Carrera

Las citas bíblicas han sido tomadas de la Versión Reina Valera 1960, salvo que se indique lo contrario.

Prohibida la reproducción total o parcial del contenido de este libro, sin mencionar la fuente, y sin la autorización, por escrito, de parte de la autora T. Monarch.

I.S.B.N. 978-0-9862710-8-3

De venta en librerías y en tiendas virtuales.

Contenido

Agradecimiento — 4

Dedicatoria — 5

Prólogo — 7

Introducción — 9

Pocos recuerdos — 13

Amaba los hospitales — 15

Noche de terror — 21

Visita de la muerte — 23

Horrores nocturnos — 29

Mi reencuentro con *Jesús* — 35

El disfraz — 39

Los mandamientos de Dios — 49

Mundo de vitral — 57

¿Por qué la tacita de té? — 63

Paz — 69

La mujer — 73

Señales de alerta — 83

Agradecimiento

*A mi Señor Jehová
¡el que lo hace todo, y todo lo sustenta!*

Le agradezco porque ha dado fuerzas a mi cuerpo y espíritu, para llevar a cabo este proyecto que es muy significativo para mí.

Dedicatoria

A cada uno de quienes han formado parte de mis días, en especial a mi esposo, a mis hijos, mis padres, a mis hermanos, a mis tías que nos criaron con tanto amor y sacrificio, a mis sobrinos y a mi cuñada (oui, oui) que ha sido como una hermana, especialmente en tiempos cuando he estado ausente del resto de mi familia materna.

Este libro, ha sido escrito con mucho amor, y con mis más sinceros deseos porque conozcan lo que Dios ha hecho en mi vida, y lo más importante de todo, para ratificar que Dios sí existe y nos ama. Pero también en el afán de que este libro quede como testimonio de nuestra posición familiar en contra del maltrato a nuestros congéneres y sus próximas generaciones.

"Sean gratos los dichos de mi boca y la meditación de mi corazón delante de ti, oh Jehová, roca mía, y redentor mío" **(Salmo 19:14).**

Soy un ser humano como cada uno de ustedes, que está asumiendo el rol con relación al propósito que Dios tiene para conmigo. Estoy aprendiendo a amar y vivir como Cristo, y ésto me ha llevado a poder aceptar el perdón en mi corazón. Empecé por perdonarme a mí misma, y poco a poco me ha sido más fácil comprender lo pasado.

Ahora tengo paz, y Dios, a través de Su Santo Espíritu, me enseña, a diario, a adorarle, aun en tiempos difíciles. Él es quien cura todas las heridas; y todas las respuestas a nuestras inquietudes, están en Su Palabra.

Nuestro Señor quiere lo mejor para todos. Tengo fe en que Él hará eso que creemos imposible, y nos bendecirá, pues Su misericordia no conoce límites.

Gracias por tomarse tiempo para leer este libro; me hará muy feliz saber que les haya gustado, y que su contenido sirva de bendición y liberación para sus vidas y de todos los que nos rodean.

¡Les amo en el amor de Cristo!

Prólogo

En estos tiempos tan difíciles y duros es común guardar en el corazón una o más historias que hayan marcado nuestro pasado, o estén afectando nuestro presente, provocando que la mayoría de las personas nos desviemos del propósito y diseño original de Dios.

A veces, situaciones causadas por nosotros mismos, y otras veces permitidas por el Gran Yo Soy, provocarán un testimonio de poder, siempre y cuando, dentro de todo lo ocurrido permitamos que Dios abra nuestros sentidos espirituales, para guiarnos a la salida en Él. Esto me lleva a dos versículos bíblicos poderosos: 2 Corintios 4:17 (RVR1960) *"Porque esta leve tribulación momentánea produce en nosotros un cada vez más excelente y eterno peso de gloria"*; y Romanos 8:28 (RVR1960) *"Y sabemos que a los que aman a Dios, todas las cosas les ayudan a bien, esto es, a los que conforme a su propósito son llamados"*.

En esta obra puedo ver cómo, tanto emocional como espiritualmente, la Palabra de Dios ha sido cumplida y manifestada, puesto que una frágil niña y luego joven, aun habiendo atravesado valles de sombra de muerte, la vara y el callado del Maestro la sustentaron y le infundieron aliento. Una persona que haya pasado por todo lo que estás próximo a leer, y que posteriormente no haya experimentado un encuentro con el Padre, muy probablemente, hoy no pudiera contarlo, ya sea por la depresión que la gobierna o porque simplemente decidió, erróneamente, dejar de existir....

Claramente las fuerzas que vienen de lo alto, permitieron que esta mujer esforzada y valiente se levantara y dijera: "hay algo más fuerte que yo, que me devolverá lo perdido y restaurará mi vida, lo que me permitirá ser ejemplo vivo a otras y otros que atraviesan, o atravesaron mi misma situación, ¡y verán que con Dios todo es posible!"

Salmo 40 (RVR1960)

1. Pacientemente esperé a Jehová, Y se inclinó a mí, y oyó mi clamor.

2. Y me hizo sacar del pozo de la desesperación, del lodo cenagoso; Puso mis pies sobre peña, y enderezó mis pasos.

3. Puso luego en mi boca cántico nuevo, alabanza a nuestro Dios. Verán esto muchos, y temerán, Y confiarán en Jehová.

Lee este libro con tu corazón, y recibe el mismo amor de parte del Señor que recibió la escritora, y confía en que Él también puede levantarte y hacer algo maravilloso en tu vida, sin importar lo que haya significado tu pasado, o lo nublado que pueda parecer tu presente.

¡Dios es y será siempre bueno contigo!

Pastora Laura Terrero
"Bajo su Gloria, Casa de Dios"

Introducción

Amado lector:

Estoy viviendo una nueva etapa en la cual puedo expresar gratitud a nuestro Creador, por el hecho de aún estar aquí, en la tierra. Dios se glorificó más con preservar mi vida, que con permitir que yo muriera a destiempo.

La manera de cómo dí cada paso en mi camino por la vida, me alejó de nuestro Creador, y de mi familia. El único amor verdadero que he experimentado, es el amor de Dios; y honro el amor que he recibido de mi esposo, de mis hijos, el de mis padres. Por ellos me he motivado a escribir lo que la misericordia y el amor de Dios hacen conmigo.

A pesar de que escribí muchas veces el comienzo de este libro, nunca tuve el valor de darle seguimiento, porque no quería revivir los recuerdos amargos de mi pasado.

Escribí cada párrafo que leerán a continuación, sin querer añadir más dolor a sus corazones, dada la cruda descripción de los hechos, y cuidándome de que el contenido, no hiera los sentimientos de nadie, ya que, contrariamente, mi intención es que obtengan liberación y sanidad, como la obtuve yo.

En años tempranos de mi juventud entregué mi vida al Señor; pero debido a mis elecciones de muchos aspectos negativos, me alejé de Él, y terminé tocando fondo. En mis sueños, el Señor me revelaba que debía hablar de las maravillas que Él había hecho conmigo, y con mis seres queridos, pero no le obedecí.

Ahora bien, como ser humano es común pensar que se está loco, o se fanatiza, cuando se dice que Dios nos habla, o nos ordena dar testimonio de Su obra en nosotros. Pero tengo convicción de mi cordura y sólo quiero, con estas pocas páginas, ayudar a quien se identifique con mis vivencias, a conocer más a nuestro Redentor.

Les voy a contar de cómo me tocó verme consumida en la miseria espiritual y financiera por no obedecer a Dios, y cómo Él nunca me dejó sola, a pesar de que no lo merecía. No culpo a nadie por mis días grises; siento que en cada uno de esos momentos se quedó un trozo de mí; me era imposible encontrar un lugar de refugio en mis recuerdos, que me ayudara para desconectarme de mi realidad. Mientras escribo, es como si no pudiera recordar un momento de paz y orden.

Quería sacar todo lo pasado y lo que no honraba a Dios; sentir la plenitud del Espíritu Santo, y con Su revelación, identificar todo lo que Dios quería poner en mí, y sólo lo conseguí cuando saqué la amargura... ¡y me llené de Jesús!

"Me dijo entonces: Profetiza sobre estos huesos, y diles: Huesos secos, oíd palabra de Jehová" **(Ezequiel 37:4).**

Para poder ser como vasija nueva, decidí abrir el baúl de mi memoria, y enfrentar cada herida, para sanar, y ser de bendición a los demás, con mi testimonio.

Ahora, agradezco cada experiencia, porque todas ellas me acercaron más a Dios. Hay cosas que sólo Dios puede revelar, y yo entendí mi deber y mi compromiso de hacer todo lo humanamente posible, mediante mi testimonio, para que más personas conozcan a Jesucristo, y los que se hayan alejado, como yo lo hice, vuelvan al camino, y puedan vivir para siempre.

Hay algo que no quiero dejar de mencionar: Cuando empezaba a escribir, solía preguntarme: ¿voy a escribir sobre mis fracasos? ¿A quién le interesa leer sobre cosas negativas? También sentía cómo todo mi resentimiento por lo sufrido, nublaba mi mente, me sumía en la amargura, y entonces, me detenía.

Si está pasando por algo similar, me atrevo a afirmar, que su dolor, no será en vano. Siga adelante... ¡Yo lo hice! A usted, Dios le revelará sus talentos, y será equipado para obtener la victoria, según sea la voluntad de Dios y en Su tiempo que siempre es perfecto.

A pesar de que relato sufrimientos ¡aquí no escribo sobre derrotas, escribo del triunfo sobre el pecado y sobre mí misma! La prueba más fuerte que debemos pasar para que sea Dios quien reine en nuestros corazones y nuestra vida, es la conquista de nuestra carne...

¡El único protagonista aquí es Dios, y su obra en mí!

Pocos recuerdos

Mi madre y mi padre que aún viven, eran siervos del Señor, mucho antes de que yo naciera. En mi mente tengo poca recolección de momentos alegres en nuestro hogar, en aquellos tiempos.

Lo que recuerdo es que solía ir a una escuelita improvisada en un patio de tierra. La educación siempre fue muy importante en nuestra casa.

En aquel lugar no había sillas; nos sentábamos en unas latas de salsa de tomate que cargábamos en nuestras manitos cada día.

Desde temprana edad trataba de encontrar la manera de no llegar a casa, pues allí me acechaba el peligro, aún bajo la protección de mis progenitores. Ellos nunca se percataban de aquel peligro, o al menos, eso quiero pensar.

Las memorias de aquellos días son como chispazos que mi subconsciente trata de suprimir, para no experimentar nuevamente el dolor de lo vivido.

Dulces momentos eran los que pasábamos cantando canciones cristianas en la escuela; y cuando mi papá llegaba a casa, y junto a mi mamá, nos contaban cuentos, y nos cantaban canciones de cuna, al irnos a dormir.

Todo cambió para mal, cuando nos mudamos a iniciar una nueva etapa del crecimiento del negocio de mis padres. Se acabaron las canciones, y ya no hubo más cuentos... al final, nuestro hogar se disolvió y con él la familia que se estaba construyendo para nosotros. Es ahí donde comienza la errática historia de nuestra vida lejos del Señor.

Sin embargo, estoy segura de que Dios nunca me abandonó, y me ha protegido en cada momento, aun cuando considero que yo no lo merecía. Es por eso que estoy aquí, para dar testimonio de Su amor y Su fidelidad.

"Jehová, roca mía y castillo mío, y mi libertador; Dios mío, fortaleza mía, en él confiaré; Mi escudo, y la fuerza de mi salvación, mi alto refugio"

(Salmos 18:2).

Hay cosas que Dios en Su misericordia me ha ayudado a superar y discernir. Oro a Dios para que sane los corazones de quienes lastimé; y, perdono a quienes me hirieron.

Amaba los hospitales

Cuando mis padres se separaron, éramos tres hermanitas. Nuestra vida se convirtió en un caos total; nos encontramos súbitamente rodeadas de desconocidos, y de no tan extraños.

Nadie hoy podría imaginar lo que mis hermanas y yo vivimos a puertas cerradas, en cada área y etapa de nuestra niñez y adolescencia.

Todo el que nos conoce, y nuestros familiares cercanos, no saben las barbaridades que sufrimos, y de las que sólo Dios nos libró... Él sanó nuestras heridas.

Hoy somos mujeres exitosas y amamos y le servimos al Señor, de todo corazón; Él es nuestro Padre y cuida de cada una de nosotras, aun cuando hubo momentos en que pensábamos que no había salida.

Debido a la ausencia de mi madre y al desamor que nos rodeaba, los hospitales eran mis lugares favoritos, porque allí tenía mi habitación privada en donde había calma, privacidad y comida rica.

En la ciudad donde vivíamos, las interrupciones en el servicio eléctrico eran un mal que parecía no tener fin; por esa razón, me fascinaba quedarme interna en la clínica a la que nos llevaban cuando enfermábamos de pequeñas, ya que allí siempre había luz, teníamos televisión por cable y aire acondicionado, lo cual era casi un lujo en esos tiempos; ah, y por supuesto, tenía el cariño de las enfermeras, y la presencia obligada de mis padres, que siempre debieron estar ahí.

Así es como comenzó la odisea... Debido a que la clínica a la que solíamos ir fue cerrada, nos recomendaron otra nueva.

Desde temprana edad sufríamos de amigdalitis y falta de apetito; mi padre quien nos crió junto a nuestras tías, empezó a llevarnos a la nueva clínica sugerida, para continuar con nuestro tratamiento.

Nunca imaginamos lo que nos tocaría vivir: la clínica estaba localizada en una avenida muy famosa de la zona Este de la ciudad. Me reservo el nombre del médico, por respeto y consideración a su familia, pues ya esa persona falleció, y la clínica cerró.

Este señor de piel clara y estatura mediana, nos robaba nuestra inocencia en cada consulta médica, y lo hacía a sabiendas de que nuestro padre estaba presente. Este doctor se inclinaba encima de nuestros cuerpecitos "para chequearnos" y extendiendo su bata bloqueaba la vista de los que pudieran estar cerca, y lo que él nos hacía, no tiene nombre...

Le dijimos a nuestro padre lo que ocurría; incluso llevamos una prima, para que ella juzgara si estábamos malinterpretando las acciones del doctor. Ella quedó estupefacta al ver lo que ocurría.

Mi prima y nosotras le dijimos a mi padre que este doctor era un pedófilo, y que debíamos dejar de ir a ese lugar... Pero, como irónicamente, la mayoría de hombres y mujeres en nuestro país reaccionan frente al abuso, él dijo que exagerábamos, y que "ese monstruo", era un hombre íntegro e incapaz de algo semejante, que no destruiría la carrera de alguien por ideas de niños.

Ya no volvimos a ir a ese lugar, pero el daño estaba hecho... y nuestro respeto por nuestro padre por no defendernos y protegernos, había muerto.

Lo peor de todo es que nosotras estábamos muertas y rotas por dentro, este fue sólo uno de los tantos abusos que nos tocaron vivir.

Hoy oro y entiendo a los padres que se hacen de la vista ciega cuando presencian abusos en contra de sus hijos e hijas. Dios me ha dado paz en ese sentido, al comprender que los que actúan de esa manera, paralizados, no reaccionan ante el abuso, o son presa del maligno... ¡Jehová lo reprenda en el nombre de Jesús!

Para que entiendan lo que nos ocurrió, les explicaré en detalle: Este individuo requería que se nos internara, y durante el día, pedía que nos llevaran a su consultorio para curarnos tópicamente, nuestra afección de la garganta.

Como ovejas hacia el matadero, vi pasar una detrás de la otra a cada niña internada junto a nosotras. Ellas iban solas a ser mancilladas por este individuo que usaba su clínica para cometer sus vejaciones, en contra de niñas indefensas.

En esa imagen grabada en mi mente, lo más doloroso era ver a mis hermanitas en esa fila, caminando con terror al verse solas, en un cuarto cerrado, con un pervertido, y saber que nadie iría en su auxilio.

Es una pena ver cómo aun hoy, en nuestros hogares, se justifica el abuso y maltrato al prójimo en toda su extensión, debido al tipo de cultura asimilada y a la ignorancia.

En nuestros hogares es donde se fomentan la falta de valores, la ausencia del amor a los demás y el desamor a Dios, o viceversa.

Fue difícil perdonar a todos los que nos lastimaron, por descuido o negligencia de quienes supuestamente debieron protegernos, principalmente nuestros padres. Ahora que tengo hijos, sé que son, y llegarán a ser lo que nosotros hagamos de ellos. A lo que me refiero, es que independientemente de la personalidad y talentos de nuestros hijos, es un hecho que, lo que ellos son, representan y lo que hagan con sus vidas, dependerá de nuestra guianza con amor, y de los principios que les inculquemos en nuestro hogares;

comenzando por la estabilidad.

Nuestra protección y nuestros ejemplos los moldearán a ser íntegros; nosotros, los padres, somos los únicos responsables de las acciones de nuestros vástagos y de darles confianza y protección.

La ignorancia, el egoísmo, el machismo ni la cobardía son excusas para abandonar a nuestros hijos a merced de la maldad y desamor de este mundo.

Dios es nuestro Padre y nunca nos abandona; Él inspira ese amor único por nuestros hijos, y les da amor a aquellos que, aun teniendo sus padres, están huérfanos de su presencia, por causa del pecado y la falta de Dios en sus corazones.

Lo oscuro existe, y hay familias enteras que por generaciones, están encadenadas al pecado y la maldad. Sólo nuestro Padre, Dios Todopoderoso, nos puede liberar y darle paz y gozo a nuestras vidas.

"Y cualquiera que haga tropezar a alguno de estos pequeños que creen en mí, mejor le fuera que se le colgase al cuello una piedra de molino de asno, y que se le hundiese en lo profundo del mar. ¡Ay del mundo por los tropiezos! porque es necesario que vengan tropiezos, pero ¡ay de aquel hombre por quien viene el tropiezo!"
(Mateo 18:6,7).

Noche de terror

Durante el tiempo que mis padres estuvieron casados, nunca vi ninguna señal de que tuvieran problemas. Ellos se divorciaron, y en pocos días nos fuimos a vivir con mi madre. Nuestro mundo de princesas se estaba derrumbando, y no estábamos enteradas...

Unos días antes de marcharnos, me tocó presenciar el primer indicio de que nos esperaba algo muy amargo; vi a mi mamá discutir con uno de mis tíos. Este tío ha sido una verdadera pesadilla para nuestra familia.

Nunca imaginé que este personaje hubiera sido pieza clave en la separación de mis padres, nos causaría la ruina espiritual, y sería responsable, en gran parte, de la caída del próspero negocio de mi padre. Como lobo rapaz, esperó hasta que mi madre no estuviera, para dar comienzo a su plan macabro.

Nosotros, aun vivíamos con mi madre, cuando mi padre inició una relación con una jovencita que estudiaba en el mismo colegio al que íbamos. La muchacha era bastante joven y simpática. Para mí, como la hija mayor, fue fácil tratarla, pero, para mis hermanitas fue muy difícil. Yo notaba que, a diferencia de nosotras, la nueva pareja de mi padre, y su familia, idolatraban imágenes, entre otras cosas.

Ese fue el preludio de nuestra primera experiencia con ataques demoniacos. Cada fin de semana estábamos de visita, y en una de esas noches, a eso de las tres de la madrugada, mis hermanitas y yo vimos una figura espantosa sentada en una de las esquinas de la habitación; estaba en el techo, mirándonos; no podíamos ni movernos... y luego se fue. Detrás vino un hombre encorvado con cabellos largos erizados y manos largas hasta el suelo, se sentó en una silla que estaba al lado de mi cama, y no se movía, ni respiraba, aunque después de un rato se paró, y se fue.

Nunca le contamos a nadie sobre esta visión, pues sabíamos que no nos creerían. Siento que con el divorcio de mis papás quedamos desprotegidas, porque es ahí cuando todo cambió en cada área de nuestras vidas.

Mis papás se alejaron de Dios, cambiaron sus hábitos y se enfocaron en el trabajo por largas horas. Parecía como si quisieran escapar de la realidad, envueltos en ese remolino de situaciones.

Desde nuestra niñez hasta cuando ya pudimos defendernos por nosotras mismas, quedamos a merced de maltratos y abusos por parte de todo el que nos rodeaba.

"Tener respeto a la persona del impío,
Para pervertir el derecho del justo, no es bueno"
(Proverbios 18:5).

Visita de la muerte

Siendo yo la mayor, recuerdo cuán difícil fue la separación de nuestros padres, para mis dos hermanas más pequeñas. Durante aquellos días de transición, ellas lloraban todas las noches, extrañando a nuestro padre.

Pasado poco tiempo, mi mamá se volvió a casar, así que, a nuestra casa vino a vivir su esposo. Mi papá y él eran muy diferentes: mi padre siempre ha sido un hombre inteligente y diplomático, por lo cual el trato entre ellos fue cordial.

Lo que mis padres no sabían, es que ese señor, el nuevo esposo de mi madre, me tocaba cuando mi mamá se descuidaba... El matrimonio de ellos duró poco. Yo prefiero pensar que ella se percató del abuso, y para evitar el escándalo, prefirió acabar su segundo matrimonio, lo que fue mejor para nosotras.

Contaba yo con sólo doce años de edad cuando nos fuimos a vivir con mi padre. El tiempo vivido con mi madre fue una montaña rusa de emociones y situaciones amargas; yo siempre me he llevado bien con ella, traté, hasta con mi cuerpo, de escudar a mis hermanitas de los golpes de mi madre, pero no siempre pude lograrlo. No es necesario decir del alivio que fue para nosotras este cambio.

Pasados muchos años, poco a poco fui descubriendo y entendiendo la amargura de mi madre, y el porqué se sentía tan resentida con mi padre. No justifico lo que nos tocó vivir, pero al tener a Jesús en mi corazón, puedo entender mejor sus acciones.

En tales circunstancias, cuando pensaba que mis días se llenarían de alegría al vivir al lado de mi padre, todo dio otro giro inesperado: un joven llegó a casa de mi padre. Para entonces yo no sabía que este muchacho era hijo de la madrina de mi tío. Mi ya famoso tío, el que contribuyó a la ruina del negocio de mi padre, inexplicablemente, y contra toda lógica, empezó a pasarme mensajes de este joven, y a tratar de que yo, a tan temprana edad, tuviera un noviazgo con él. Yo, aunque era una niña, empecé a tener una amistad cercana con el joven de este cuento, y le dejé que asumiera que yo era su novia.

Aquel joven tenía una hermana mayor, que siempre nos trató con afecto, nunca fue grosera, siempre fue amable conmigo, y cada vez que llegaba en sus visitas frecuentes nos traía generosos regalos. Mi padre agradecía sus visitas y su generosidad. Sin embargo, yo no terminaba de entender el empeño de este tío, de que siendo yo aún una niña, me viera a solas con aquel joven, considerado ya "mi novio" en aquel entonces.

Ya se imaginarán que mi padre y familiares, por esta situación, me juzgaban como que yo era lo peor... ¡y yo ni idea! Se volvió a repetir en mi vida la misma actitud que cuando era pequeña vi en los mayores, en la clínica del médico: reinaba la indiferencia y la incredulidad.

El hermano de mi padre se pasaba horas diciéndome que mi noviazgo era normal, y que mi papá lo aprobaría con el pasar de los días... Siempre me repetía: "todo lo que se hace bien, nunca se descubre" y con ello me estaba torciendo la forma honesta y sana de ver la vida.

Quienes estaban a nuestro cargo hacían lo que podían, pero por cuestiones de trabajo, pasábamos mucho tiempo sin supervisión o mejor dicho...mal acompañadas.

Con el tiempo también entendí de qué se trataba todo el plan de aquel enfermo. Él solía traer a "mi novio" a verme de noche; lo traía a dormir, "dizque con él" y mis demás familiares, y luego, a eso de la media noche, me hacía saber, con claves, que él estaba ahí, para que nos viéramos.

A pesar de mi edad tan corta, yo comencé a sospechar de su conducta, pues, pese a los desatinos en cuanto a formar un hogar sólido, mi familia, siempre, aunque sea en teoría, nos hablaban de moral y valores. Mi tío, manipulador, al que en adelante siempre le identificaré como "la oveja negra", notó mi actitud, y esa misma noche se inventó un nuevo pretexto ante la familia del muchacho, para traer a aquel joven a mí cuarto, en el que, por cierto, dormían mis hermanitas también.

Había una puerta de hierro que dividía nuestra casa, del

cuarto asignado para los empleados, en el cual dormía mi tío "oveja negra". La puerta permanecía cerrada, de ahí que, con este joven, yo me había reunido a dialogar sólo una vez, en el "porche" de mi casa. Como familiar cercano, mi tío sí podía traspasar la puerta de hierro, o estar en cualquier lugar de la casa, sin que nadie tuviera duda alguna de sus intenciones; así que, su plan había sido que este jovencito, no debía articular palabra alguna, para que los demás se imaginaran que solamente mi tío era quien andaba por ahí a la media noche.

"La oveja negra" me instruyó para que yo estuviera alerta, cuando el joven viniera a conversar conmigo en el "porche". Pero esa noche, yo esperando salir, quien entró en el cuarto que compartía con mis hermanitas, no fue mi supuesto novio, sino este demonio vestido de oveja. Cuando me di cuenta ya era tarde, y no pude defenderme. Me quedé quieta, para no poner en peligro a mis hermanitas... Pasados unos meses descubrí que estaba embarazada, y "mi novio", al cual yo le había dicho que me sentía insegura con mi tío, me llevó lejos a vivir con una tía de él. Este muchacho resultó ser tan inocente como yo; era un buen muchacho y también una víctima... A las pocas semanas, por mi edad tan temprana, perdí el bebé.

La oveja negra hizo que a "mi novio" lo llevaran a vivir a otro país, y yo regresé a vivir con mi papá. Lo que mi tío no se imaginaba es que aquella noche, la niña ingenua había muerto, y desde entonces, mis hermanas y yo lo enfrentamos y le hicimos la guerra como pudimos, sin alertar a mi papá, porque, como ya una vez no nos defendió con el médico, dudábamos que no nos creyera nuevamente; y también para evitar que mi mamá lo matara, y quedarnos más arruinadas de lo que ya estábamos por dentro y por fuera.

"Todos los que antes de mí vinieron, ladrones son y salteadores; pero no los oyeron las ovejas. Yo soy la puerta; el que por mí entrare, será salvo; y entrará, y saldrá, y hallará pastos. El ladrón no viene sino para hurtar y matar y destruir; yo he venido para que tengan vida, y para que la tengan en abundancia"
(Juan 10:8-10).

Horrores nocturnos

"Entonces va, y toma consigo otros siete espíritus peores que él, y entrados, moran allí; y el postrer estado de aquel hombre viene a ser peor que el primero. Así también acontecerá a esta mala generación"
(Mateo 12:45).

Por motivos de trabajo, y para proveerles un mejor futuro a mis hijos, me aventuré a irme a otro país; reconozco que ésto fue devastador para mis bebés y para mí, pero nos fuimos adaptando...

Quizás porque aún quedaba algo de aquella niña inocente que alguna vez fui, empecé a fantasear con tomar esta nueva oportunidad como un renacimiento para mí; yo quería pensar que podía olvidar, sanar y resurgir como rosa de Jericó, nueva y fragante: ¡qué equivocada estaba!

En algún lugar leí sobre el abuso y sus secuelas, pero nunca le di mucha importancia; no fue sino hasta hace poco que caí en cuenta de que había padecido de estrés post traumático, ansiedad y depresión.

No, no soy doctora, pero fui diagnosticada, y esta información me la he guardado, porque aun en estos tiempos, la mayoría de la gente no entiende de esas cosas. Nunca nadie lo sospecharía, soy muy amigable y positiva, aparentemente no tengo miedo, y, gracias a Dios, siempre me ha ido bien en el ámbito laboral, y mi relación con mi familia y amistades ha sido positiva y muy feliz.

Entonces se preguntarán, ¿cómo es ésto posible? Bueno, antes de superar totalmente estos traumas, como parte de mi estrategia de sobrevivencia, tuve que aprender el arte por excelencia de muchos seres humanos: ¡aprendí a fingir!

En este nuevo país conocí mucha gente linda; pero, así como en la película "La pasión de Cristo", en el momento de la tortura con látigo, es cuando se ve a la maldad mirando a María, mientras su hijo es azotado. Así mismo me tocó ver la muerte frente a frente, debido a un acosador que por poco me quita la vida.

Este acosador era compañero de trabajo. En principio solía insinuárseme, pero yo estaba siendo cortejada por alguien que me interesaba, y, obviamente, lo rechacé.

Una noche, este acosador se presentó a mi casa, y justo en ese momento me llamó por teléfono la persona que me pretendía. Este hombre, o mejor este jovencito a quien todos en el trabajo le teníamos confianza, y hasta nos preguntábamos que cómo siendo tan joven ya estaba casado, lleno de ira, me tomó del brazo y me llevó a su auto; me hizo preguntas, y yo contesté con la verdad respecto a mi relación con la persona que me cortejaba. Resulta que él lo odiaba, por razones que nunca las quise escuchar, ni me interesaban.

En un abrir y cerrar de ojos sentí una presión y un estruendo en pleno rostro y en toda mi cabeza; todo el camino me golpeó, mientras me regañaba como si fuera su propiedad. Como burlándose fue hasta el frente del edificio de la Policía, abrió la puerta y me retó a salir y huir.

El miedo me paralizó, él me dijo que aun frente a diez policías me mataría. Me cerró la puerta del auto y siguió golpeándome; me llevó frente a mi casa, me seguía insultando y me sacó a golpes del carro.

Yo no tenía a quién recurrir... Esa noche no dormí, mirando por la ventana, aterrada de que regresara a cumplir su promesa de matarme... ¡y yo que pensaba que ya había vivido lo peor en mi niñez!

Al día siguiente le conté lo ocurrido a mi pretendiente, quien me convenció de dar parte a las autoridades; le hice caso y puse una denuncia para que le prohibieran acercarse a mí. Ese mismo día, al regresar de mi trabajo, mientras yo caminaba hacia mi casa, nuevamente se acercó en su carro y me cuestionó por reportarlo a la Policía. Me devolvió la cartera y el celular que me había quitado la noche anterior para que no pidiera auxilio, se rió a carcajadas, y me dijo que seguiría yendo a mi casa, y que nadie lo impediría.

Yo corrí a pedir ayuda a unos apartamentos que estaban cerca; toqué la puerta con tantas fuerzas que mis manos se lastimaron, pero nadie me abrió. Poco tiempo después, mis compañeros de casa se mudaron, y yo me quedé sola; entonces, encendía las luces de las habitaciones, para que la gente pensara que ellos aun vivían allí.

"Clama a mí y yo te responderé, y te daré a conocer cosas grandes y ocultas que tú no sabes"
(Jeremías 33:3).

Para evitar dejar ventanas abiertas, compré un aire acondicionado. Una noche mientras finalmente había podido conciliar unas pocas horas de sueño, escuché el sonido del motor de un vehículo: era él.... se había propuesto hacer de mis noches un infierno. Me escondí y traté de ni respirar, para no causar ruido. Este hombre, luego de tratar de romper la puerta, desprendió el aire acondicionado colocado en la ventana, y con una luz de su celular me buscaba en la oscuridad, gritando que le dejara entrar...

A Pesar de la denuncia y orden de alejamiento, él llegaba a mi casa como si fuera a visitar a su novia que lo esperaba con ansias; yo tenía que separar mi mente de mi cuerpo, para no morir de dolor y humillación. Ahí me dejaba mientras salía con dirección a su casa, donde estaba su esposa. Cuando leí que, usualmente, las personas abusadas, suelen vivir esos momentos traumáticos varias veces en sus vidas, yo no lograba creerlo hasta que me tocó vivirlo en carne propia. Mis años en aquel lugar, alrededor de dos, se convirtieron en una lucha diaria de sobrevivencia.

Yo me considero una persona segura de mi misma, y siempre he reflejado amor propio y por el prójimo; quizás ese es el problema. Estos endemoniados y personas torcidas que se dejan usar por la maldad, huelen como lobos feroces las cosas que nos hacen vulnerables y presa fácil.

Por muchas razones yo no podía huir y regresar a mi país; en mi trabajo nadie se imaginaba mi calvario; yo fui una buena empleada, hice buenos amigos cuya amistad ha sido duradera. Entre ellos estaba una amiga cristiana quien me invitó a un culto. En ocasiones anteriores yo había asistido a esa iglesia, pero ahora, era ella, mi compañera de trabajo, quien la pastoreaba junto con su esposo, la que me llevaba.

Encima de todo lo que estaba pasando en ese momento, aunque en la oscuridad de mi cuarto empezaba a buscar de Dios nuevamente, para entregarle mi vida a Cristo, cuando dormía, sentía como si me hirieran los pies con agujas, y escuchaba como si aves pasaran cerca de mis oídos, generando ráfagas de viento.

También experimenté la sensación de que alguien se sentaba junto a mí en la cama; esto ya lo había vivido durante un viaje a otro país, pero pensé que al estar más cerca de Dios, estas cosas no me pasarían. En varias ocasiones encontré insectos ponzoñosos muertos al pie de mi cama; hablé con mi hermana quien estaba en los caminos del Señor, y ella me ayudó a orar.

Todavía pasé cosas más duras al llegar la noche, pero como día de parto, el dolor pasó, y mi padre amado me liberó.

"Este pobre clamó, y le oyó Jehová, Y lo libró de todas sus angustias. El ángel de Jehová acampa alrededor de los que le temen, Y los defiende"

(Salmo 34:6,7).

Mi reencuentro con Jesús

Cuando comencé a congregarme, la sombra nocturna que me atormentaba durante las noches, dejó de visitarme.

Antes de liberarme de esta maligna presencia, hubo noches en las que me sentí como la cenicienta de los cuentos de hadas. En este cuento, el príncipe que se enamora de la Cenicienta, se queda con la zapatilla de cristal, ya que ella sale corriendo antes de que suene la última campanada que anuncia la media noche. Yo, en cambio, vivía acosada por este joven perseguidor que merodeaba mi casa al salir de su trabajo, antes de irse a la suya, donde su esposa le esperaba. Aquí, la diferencia es que, quien se quedaba con la ansiedad de ser perseguida y el temor expectante de la noche siguiente, era yo. El príncipe esperaba encontrar a quien le calzara el zapato; yo esperaba que nunca más volviera a molestarme... que desapareciera.

Con cada asalto a mi casa de este depredador y destructor, que venía en las madrugadas, sabiendo que jamás le iba a abrir la puerta, pero se recreaba rompiendo las seguridades, sin temor alguno a la Policía, yo me cuestionaba... ¿por qué aun ya siendo adulta, yo tenía que ser objeto de tantas vejaciones?

Durante un servicio en la iglesia a la que mi amiga me invitaba, justamente se habló de maldiciones generacionales.

Bueno, en mi caso, pareciera ser que la maldición de la familia entera la cargaba sólo yo, porque... cuántas cosas me habían pasado sin que yo las provocara ¡pero llegaban! afectando a todos quienes entraban a formar parte de mi vida, haciendo que yo siempre me ponga a la defensiva, para no provocar reacciones que causaran más tragedias.

Mi esposo, por ejemplo, a quien conocí después de que pasó esta etapa tan amenazante, no podía entender el porqué yo me resistía a salir a lugares públicos en la noche... Es que la batalla por superar esta situación que me dejó traumas difíciles de manejar, era sólo mía.

Precisamente en esos días de mi batalla, conocí el poder del ayuno y la oración, y experimente paz, por primera vez, en mucho tiempo.

"Mejor es encontrarse con una osa a la cual han robado sus cachorros, Que con un fatuo en su necedad. El que da mal por bien, No se apartará el mal de su casa"
(Proverbios 17:12,13).

Gracias a Dios y Su Misericordia pude salir de esa situación y de todos los impactos de las experiencias de abuso desde mi niñez; y aunque todavía estaba rota por dentro, logré mantener las apariencias. Digo apariencias, ya que, siempre que veía la fascinación de muchos niños con los superhéroes, no lograba entender por qué les causaba tanta emoción, mientras para mí eran parte de los momentos oscuros de mi vida.

Aprendí a confiar y descansar en Dios y a contarle sólo a Él mis cosas. Ningún superhéroe llegó a salvarme, pero Cristo se reveló a mi vida. Lo más importante es que conocí el amor de Jesús, y entendí que Él es mi salvador, y que si no amaba a Dios, no sería capaz de amar a nadie, empezando por mí misma.

La gloria sea para mi Señor. Dios puso en mi, gracia y muchos talentos, conforme Él los reparte, con liberalidad. Yo iba identificando cada uno de ellos, a medida que pasaba el tiempo.

Cultivar mis talentos para trabajar para mi Padre Celestial, era mi mayor anhelo. Esta es la razón más poderosa por la cual me animé a escribir sobre mis testimonios, y me dediqué a hacer lo mejor, para que todo el que me conociera, supiera del Amor de Jesús, y recibiera consuelo; y para que pusieran sus oídos prestos a escuchar, sin juzgar. Tengo la determinación de luchar contra las preconcepciones o juzgamientos sin causa.

Conocí a mucha gente buena. El Señor fue poniendo siempre en mi camino, personas que como ángeles, me cuidaron y llegaron en el momento exacto para ayudarme a alcanzar mis metas, y para auxiliarme cuando lo necesité.

Eso nunca pasaba antes. Con el tiempo entendí que el hecho de seguir viva, era muestra de que Dios siempre estuvo a mi lado, para que los azotes recibidos, no dejaran heridas en mí: Jesús fue mi escudo, y sujetó a mis verdugos para librarme de su yugo.

"Así dijo Jehová tu Señor, y tu Dios, el cual aboga por su pueblo: He aquí he quitado de tu mano el cáliz de aturdimiento, los sedimentos del cáliz de mi ira; nunca más lo beberás:

(Isaías 51:22).

Con respecto a mi pregunta del porqué aun ya siendo adulta, yo tenía que ser objeto de tantas vejaciones, y del porqué las sombras me perseguían por generaciones, el Señor me enseñó que *"el alma que pecare, esa morirá"*. Le doy gracias por Su Palabra en Ezequiel 18:2-4 que dice...

"¿Qué pensáis vosotros, los que usáis este refrán sobre la tierra de Israel, que dice: Los padres comieron las uvas agrias, y los dientes de los hijos tienen la dentera? Vivo yo, dice Jehová el Señor, que nunca más tendréis por qué usar este refrán en Israel. He aquí que todas las almas son mías; como el alma del padre, así el alma del hijo es mía; el alma que pecare, esa morirá".

El disfraz

Hay algo que nunca cambia, y es esa devoción en algunos seres humanos por lo iluso y la gentileza aparente. Cierto día, pasando frente al televisor, vi un reportaje sobre un cantante de mi país, enjuiciado y encarcelado por violencia de género.

No me deja de sorprender este fenómeno al que la ciencia llama el "síndrome de Estocolmo". Consiste en que la víctima se identifica con el victimario, como un mecanismo de defensa, para salvaguardar su vida. Este síndrome, en menor escala también se manifiesta en algunos hogares, a la falta de respeto por la vida y al poco amor propio, donde se desarrollan relaciones de complicidad, que terminan protegiendo al intimidador.

Les explico a qué me refiero: tanto en las casas, escuelas y en el ámbito gubernamental, subliminalmente se instituye una cultura basada en el maltrato. Para muchos, el abuso a un hombre o mujer, será más serio dependiendo del estatus o hasta color de piel del victimario o la víctima; así también influirá el concepto de maltrato percibido por cada estrato de una sociedad, o sea que, una acción violenta va a tener repercusiones o consecuencias, no por la gravedad del hecho en sí, sino por el perfil racial, la posición social y los valores de los habitantes del lugar. El síndrome de Estocolmo es un fantasma que se escuda detrás de las percepciones humanas, dependiendo de su escala de valores.

Al ver en la televisión observaba cómo fanáticas de este "artista" pedían su excarcelación diciendo que la esposa había retirado la querella, y que hay políticos en libertad por casos más graves. A las mujeres "defensoras" de su "ídolo", no les importaba el hecho de que sea un maltratador... Estaban bajo el influjo de sus escalas de valores, y no entendían que el individuo debía pagar su condena, por ser maltratador, independientemente de sus alegatos para obtener su libertad. El "artista talentoso" argumentaba que "Sus talentos se desperdiciaban en la cárcel"... ¡Las tinieblas queriendo envolver a la luz!

No me malentiendan, la corrupción e impunidad es un caso grave, pero como sé que Dios está en control de todo, en el tiempo de Dios, cada hueso enterrado de víctimas asesinadas saldrá a la superficie, como cuando los ríos se salen de su cauce y sacan todo desde el fondo de la tierra... Nada ante Dios queda oculto, aunque las víctimas, en su afán de defenderse, se vean obligadas a ponerse del lado del victimario.

Hay impunidad para los hombres corrompidos por la avaricia y el poder ¡pero ante Dios, no existe la impunidad! ¡La justicia de Dios es perfecta, y prevalecerá por todos los siglos, eternamente!

Desafortunadamente son tantos los casos, que nunca acabaríamos de mencionarlos. En la sociedad en que vivimos, algunos están creando fábricas de abusadores y asesinos. Muchas muertes no son inmediatas; se ha demostrado que, en su mayoría, una gran cantidad de las mujeres maltratadas, mueren a causa de ataques al corazón a consecuencia de abusos psicológicos y mentales acumulados durante mucho tiempo, o a manos de sus esposos.

Muchas víctimas de violencia doméstica están en la lista de desaparecidos, mientras los que perpetraron los hechos, aparecen frente a la gente como padres sacrificados al criar sus hijos solos. Mi padre un día me dijo: ¡los hijos son de la mujer y no se tiene hijos con cualquiera; el tiempo hace pesar las máscaras y éstas se caen!... a pesar de que a él le tocó criarnos.

Un caso que tuvo mucha trascendencia fue el de un joven adinerado, al cual sus propios primos le quitaron la vida. Ellos tuvieron la audacia y falta de corazón de unirse a la búsqueda del niño; estuvieron en el funeral, y hasta lloraron frente al féretro del occiso. Estos dos jovencitos tenían todo para ser normales y felices, ¿qué les faltaba, o que no tenían, para ser capaces que cometer tan horrendo crimen? Entonces, miro al alrededor, y veo cómo ciegamente adulamos a los que parecen ser buenos ciudadanos. He visto vecinos maltratar a sus esposas y serles infieles, sin embargo, en las reuniones familiares, los mismos que tienen conocimiento del comportamiento de la persona en cuestión, piden la palabra para elogiar las virtudes del abusador, aun a sabiendas de que sus afirmaciones distan de la realidad.

Cuando recuerdo esas imágenes del asesinato del niño en cuestión, me doy cuenta que esta historia se repite día a día a nuestro alrededor; nos hemos convertido en Zombis, muertos en vida que sólo se mueven hasta que, al igual que un muñeco de cuerda, se le acabe la vuelta. En muchos hogares se cree que es normal que padres o hijos sean abusivos e infieles. Se les enseña que el maltrato es resultado de una mala acción, en su propia opinión... no hay lugar para el diálogo y el razonamiento; los maltratadores siempre tienen la razón, por tanto, que se les lleve a juicio, ellos lo consideran como una injusticia contra su "inocencia".

La gente además entiende que todo maltrato debe tener un "moretón de muestra", por lo cual, el maltrato psicológico pasa por desapercibido.

Estos mismos abusadores son los que mantienen en vilo a generaciones completas, con sus excentricidades y egoísmo; se adjudican derechos, y día tras día hacen un infierno las vidas de todo el que les rodea, eso, claro, sólo en sus casas, pues en sus lugares de trabajos y frente a la sociedad son personas de bien y admiradas. Como un veneno a cuenta gotas van matando los espíritus de quienes con amor les sirven en los hogares, porque ellos se justifican y auto valoran como que son "complicados", y por eso hay que aceptarlos así como son.

El maltrato no es exclusivo de los hombres, también hay mujeres maltratadoras. He conocido victimas de maltratos inimaginables y son personas dulces y amorosas que eligieron dar lo que no recibieron, por amor a sus hijos y todo lo que les rodea. Entonces no podemos dejar de cuestionarnos... ¿es el maltrato una conducta aprendida o es una decisión?

¿Cuántos seres humanos han sido enterrados y llorados por sus propios verdugos? ¿Cuántas mujeres y hombres están siendo masacrados espiritualmente y psicológicamente por sus parejas, y hasta sus familiares?

¿Hasta cuándo seguiremos educando a nuestros hijos para que sean víctimas?

¿Cuándo será oído el «¡basta ya!» de ver a las suegras ser la causa de divorcios y hasta asesinatos, por su ignorancia, su falta de amor a Dios y a sí mismas, y por un concepto equivocado del amor a sus hijos maltratadores?

¿Cuál día será aquel en el que las mujeres digamos «¡basta ya!» y nos apoyemos las unas a las otras? Debemos entender que el maltrato, cualquiera que sea su naturaleza, es un crimen, y no es agradable a Dios.

Un sinnúmero de madres han tenido que cargar con el desprecio y rechazo de sus propios hijos, a causa de tener que separarse de su esposo, para salvar la vida y tener que guardar silencio para proteger la imagen de un abusador. Son tildadas de locas y celosas las mujeres que enfrentan la infidelidad en sus matrimonios... ¿hasta cuándo?

La infidelidad es, en efecto, rechazada por nuestro Señor; y, es la peor forma de maltrato ya sea en contra de hombre o mujer. Eso se llama adulterio.

En las iglesias, los caballeros gritan "Aleluya" cuando el pastor recrimina el maltrato de género, y al salir de allí, prosiguen con su agenda macabra y usual dentro de las cuatro paredes que guardan los secretos que sólo ellos saben. Hay quienes creen que sus acciones y egoísmo son justificados siempre y cuando, según ellos, sus razones sean válidas.

En muchas iglesias se motiva el respeto, y se traen personalidades y pastores para hablar del matrimonio tal y como lo instituyó Dios. Lo lamentable es ver que lo que dicen en dichas conferencias, dista mucho de lo que Dios enseña en la Biblia con relación al trato a la mujer. Nuevamente vemos cómo se evita enfrentar la problemática del maltrato, y en vez de que se refuercen las doctrinas que sólo citan las obligaciones de la mujer y su papel como ayuda idónea, no se hace responsable al hombre por sus acciones y la repercusión de éstas en el hogar, y en la vida de todos lo que les rodean.

Hay hogares en los que únicamente se respira paz, cuando los esposos están fuera de casa. Estos individuos son tan joviales, deseables sociablemente, son la alegría de las reuniones; no obstante, al llegar a casa, como si fuera un uniforme, dejan las sonrisas, las palabras y la bondad colgadas en la puerta, al entrar.

Algunos individuos frecuentan amistades como si tuvieran una agenda de destrucción. En vez de ser conciliadores, y elogiar los méritos ajenos, se empecinan en sembrar y promover la discordia, minimizando las virtudes del otro, y auto elogiándose por su desempeño en cualquier situación. El asunto en ellos es traer conflicto en el lugar en donde se encuentren como huéspedes.

He conocido bonitos hogares destruidos por gente vacía e infeliz, que elaboran viles planes que ejecutan metódicamente, en cada una de sus visitas: cuestionan el desenvolvimiento de las nuevas parejas, y hacen comparaciones con sus logros, o con su desempeño en sus hogares. Lejos de la realidad... sólo lo hacen para causar en otros el mismo caos en el que ellos viven. Somos los padres quienes debemos enseñar a nuestros hijos sobre la sinceridad y limpieza de corazón; ellos deben ver en cada uno de nosotros el ejemplo de amor, respeto y protección que ellos necesitan para tener bases fuertes, para fundar luego sus propios hogares.

El abuso, así como la publicidad se promueve como un producto. Cuando nuestra sociedad ve los malos ejemplos en los mayores, asimilan como que es lo que deben hacer; es por eso que debemos enseñarles a tener opinión propia, y a basar sus creencias en el amor y el respeto por la vida y por los demás, en cualquier circunstancia y especialmente, basados en la Palabra de Dios y Sus mandamientos, donde están las respuestas a todas las inquietudes.

Las cárceles no darían abasto si todos los muertos pudieran

denunciar a sus matadores; así también serían muchos los notables presos e internados en instituciones psiquiátricas, si aceptaran el hecho de que tienen problemas, y que necesitan ayuda.

Serian menos las mujeres y hombres desechos por años de maltratos. Es en los hogares en donde comienza todo. Es cierto que Dios aborrece el divorcio, pero también es cierto que Él quiere una vida de paz y amor para todos nosotros. Espiritualmente todo eso tiene una causa, y es que nos hemos alejado de Dios, tenemos ídolos en nuestras casas y no son de yeso: las madres idolatran a los hijos, y muchas mujeres a los esposos.

En el caso de los hijos, sucede que muchas veces nos refugiamos en ellos, a falta del amor de nuestros esposos. Las que idolatran a sus esposos no lo hacen mayormente por voluntad propia; es una dinámica que se va creando con las exigencias y expectativas de aquellos, que ni en sus casas, antes de casarse, recibieron tanto mimo y cuidado.

Algunos mueren al renunciar a ser y a hacer lo que les gustaría, para ser lo que al otro le parezca, y a hacer sólo lo que al otro le complazca, aún cuando nada parezca complacer ese objetivo.

Nos casamos con percepciones exageradas de amor, o con falta de amor. Los mandamientos del matrimonio sólo se quieren aplicar a la mujer, si bien es cierto que algunos buenos hombres luchan en contra de tabúes, para ser hombres de verdad, hombres amorosos y llenos de la intención y decisión de hacer lo que sea posible, día a día, para que su mujer amada esté rodeada de seguridad.

¡Ser un hombre de bien en estos tiempos es toda una proeza!

"Así también los maridos deben amar a sus mujeres como a sus mismos cuerpos. El que ama a su mujer, a sí mismo se ama. Porque nadie aborreció jamás a su propia carne, sino que la sustenta y la cuida, como también Cristo a la iglesia, porque somos miembros de su cuerpo, de su carne y de sus huesos. Por esto dejará el hombre a su padre y a su madre, y se unirá a su mujer, y los dos serán una sola carne"
(**Efesios 5:28-31**).

Los mandamientos de Dios

Los 10 mandamientos (Éxodo Cap. 20).

- No tendrás dioses ajenos delante de mí.

- No te harás imagen, ni ninguna semejanza de lo que esté arriba en el cielo, ni abajo en la tierra, ni en las aguas debajo de la tierra.

- No te inclinarás a ellas, ni las honrarás; porque yo soy Jehová tu Dios, fuerte, celoso, que visito la maldad de los padres sobre los hijos hasta la tercera y cuarta generación de los que me aborrecen, y hago misericordia a millares, a los que me aman y guardan mis mandamientos.

- No tomarás el nombre de Jehová tu Dios en vano; porque no dará por inocente Jehová al que tomare su nombre en vano.

- Acuérdate del día de reposo para santificarlo. Seis días trabajarás, y harás toda tu obra; mas el séptimo día es reposo para Jehová tu Dios; no hagas en él obra alguna, tú, ni tu hijo, ni tu hija, ni tu siervo, ni tu criada, ni tu bestia, ni tu extranjero que está dentro de tus puertas. Porque en seis días hizo Jehová los cielos y la tierra, el mar, y todas las cosas que en ellos hay, y reposó en el séptimo día; por tanto, Jehová bendijo el día de reposo y lo santificó.

- Honra a tu padre y a tu madre, para que tus días se alarguen en la tierra que Jehová tu Dios te da.

- No matarás.

- No cometerás adulterio.

- No hurtarás.

- No hablarás contra tu prójimo falso testimonio.

- No codiciarás la casa de tu prójimo, no codiciarás la mujer de tu prójimo, ni su siervo, ni su criada, ni su buey, ni su asno, ni cosa alguna de tu prójimo.

La ética, las legislaciones de los diferentes países, la moral social, tienen códigos de comportamiento que se reflejan en las leyes civiles y eclesiásticas. Los Mandamientos de la Ley de Dios son universales para toda criatura; mientras que, las leyes civiles son para los connacionales, o sea para cada habitante de una Nación o país.

Lastimosamente, los pueblos cristianos tienen un problema de dualidad: por un lado quieren cumplir las leyes civiles, y por otro las leyes de Dios a las que, o ignoran quienes se declaran ateos, o reinterpretan quienes se cobijan en doctrinas religiosas. Esta dualidad no existe, por ejemplo, en el pueblo judío que tiene claridad respecto de la obediencia a la Torá o los cinco primeros libros de la Biblia, que son observados estrictamente. Para ellos, Jehová es su Dios e Israel su Patria., nadie de ellos puede estar en el más mínimo desacuerdo sobre este asunto.

El cristianismo, en cambio, se ha divido en creyentes practicantes, y en solamente creyentes, que acomodan su vida a una visita temporal a alguna iglesia, "para salvar su conciencia", pero no viven, ni tratan de cumplir los Mandamientos recibidos de Jehová, padre de Jesucristo, escritos por Moisés.

Para estos cristianos que viven de las normas sociales y culturales de las comunidades donde habitan, los Mandamientos, según su comportamiento y conveniencia, serían así:

- **Las tradiciones y autoridades eclesiásticas están por encima del mandamiento de no inclinarse ante ningún ídolo. Si mis padres o en mi religión tienen ídolos en las iglesias, está bien visto por Dios.** Por el contrario... Hay que tomar en cuenta que en donde hay imágenes, no está Dios; ya sea en una congregación o casa particular, porque "Dios no comparte su gloria con nadie".

- **Cualquier ocasión es buena para invocar el nombre de Dios, aún ya sea para lanzar una maldición o para mi-**

nimizar su grandeza llamándole "diosito", "el de arriba", "el flaco" etc. etc. etc. Por el contrario... El nombre de Dios es sagrado y debe usarse sólo para honrar y exaltar Su nombre.

- **El Día de descanso depende de mis posibilidades, y lo uso como día feriado para divertirme. O, no puedo descansar porque tengo un "full time", "part time" o compromisos de negocios impostergables.** Por el contrario... el día de descanso no es negociable, a Dios le agrada la obediencia de sus hijos.

- **Trato a mis padres dependiendo de cómo ellos me traten. O, en el peor de los casos, les agradezco por ser padres adoptivos "por el soporte gubernamental".** Por el contrario... este mandamiento es el único con promesa; Dios nos perdonó y espera lo mismo de nosotros hacia nuestro prójimo, empezando por nuestros padres.

- **El aborto se justifica, porque mantiene las apariencias de mi estilo libertino de vida. El homicidio sólo es malo si quien muere es un inocente ya nacido.** Por el contrario... el quitarle la vida a un inocente intencionalmente, es un pecado que Dios aborrece. *"Mi embrión vieron tus ojos, Y en tu libro estaban escritas todas aquellas cosas que fueron luego formadas, sin faltar una de ellas"* (Salmo 139:16). Como madre, y como autora de este libro, pido a Dios, que si una mujer queda embarazada por violación, incesto, secuestro o trata de personas, reciba sabiduría de lo Alto, para que tome la decisión correcta con respecto a la vida dentro de su vientre.

- **El adulterio es parte de mi cultura y mi crianza; fui lastimado y por eso tengo licencia para ser infiel; es normal. Además, la hombría depende del número de mujeres que un hombre demuestre tener.** Por el contrario... el adulterio es pecado; no hay abuso y falta de respeto más grave que la infidelidad. Jesús lo condenó aún en la intencionalidad de la segunda mirada.

- **Cualquier uso de cosa ajena es lícito, siempre y cuando no te descubran; usar la ropa y luego devolverla a la tienda, no es robar; evitar pagar los impuestos correctamente, no es robar; no dar un cambio en el pago de una cuenta, o no poner los pesos exactos es de inteligentes.** Por el contrario... ¡Si no es de uno, no le pertenece!

- **Bajo ninguna circunstancia admitiré haber mentido, será verdad siempre y cuando no te puedan demostrar lo contrario, aunque es más fácil descubrir al mentiroso que al ladrón.** Por el contrario... ¡Si no es verdad, es mentira! ¡La mentira va en contra de la naturaleza de Dios! Jesús es "el Camino, la Verdad y la Vida".

- **Solamente importan mis necesidades, y tomaré lo que desee siempre que lo quiera, aunque no sea mío.** Por el contrario... trabaja y esfuérzate por tener tus propias cosas; aun en tus pensamientos es pecado desear lo ajeno; el egoísmo y codicia no provienen de Dios. La envidia es la carcoma de los huesos, y destruye familias e imperios completos.

De una conversación con parientes cercanos, me di cuenta que ellos, aunque conviviendo entre cristianos, no conocen, o si han oído, no saben efectivamente cuántos y cuáles son los Mandamientos de la Ley de Dios. Nadie puso interés en enseñarles; o no les era conveniente enseñarles para que no les condenaran su comportamiento.

El desconocimiento de los parámetros o guía que el Señor nos dejó para comportarnos entre los que vivimos en sociedad, nos quita la única manera de vivir en paz: amándonos a nosotros mismos, y amándonos entre nosotros. Así, no nos heriremos.

La falta de aplicación de las leyes humanas con justicia, y la falta de conocimiento del amor de Dios, hace que hayan pedófilos, maltratadores de niños, adúlteros, traficantes de personas... padres abusadores, madres maltratadoras. Hay fábricas de abusadores en los hogares. La conclusión es que lo hacen por ignorancia, porque no conocen el amor, y no lo pueden conocer, porque no han abierto su corazón a Dios. De conocer a Dios, sabrían que el amor no busca lo suyo, sino que prefiere a los demás antes que a uno mismo.

En algunos hogares se educa y se forma para que sólo las madres puedan lidiar con el carácter de algunos hijos (o sea, hacen acepción de persona). Cuando los hijos deben comenzar a relacionarse con los demás, estos individuos son como rompecabezas con piezas faltantes, que sólo sus madres pueden descifrar... Me refiero a que las normas de comportamiento que mantienen socialmente, difieren de las que practican en sus hogares.

Se debe criar para la realidad de la vida... ciertamente que no hay padres ni madres perfectos, de igual modo, no hay hijos perfectos. Para nuestros padres siempre los hijos seremos "buenos", no importa si lo somos o no; ahora, la cosa es que Dios nos manda a amar a nuestro prójimo como a nosotros mismos. Dios nos guía a ser mejores en todas las áreas de nuestra vida, porque no podemos ser buenos para nuestros padres, y malvados con los demás...

Una cosa es ser un hijo bueno, y otra cosa es ser un buen hijo. El último es el que entiende que debe ser un buen ser humano, un buen padre, un buen compañero, un buen amigo, un buen hijo de Dios. La forma en cómo nuestros hijos tratan a los demás y a sí mismos, es en gran parte, el reflejo de lo que pusimos en ellos, y de lo que les rodea durante su crecimiento. Criemos hijos compasivos, sin egoísmo, con ambiciones de las buenas, que sean bondadosos, leales siempre, y no sólo cuando quieren conseguir algo; que sean equipo; que se comuniquen entre ellos.

Quien no ama a Dios, no puede amar a nadie, como lo dice en Su Palabra. Cuando damos amor a nuestros hijos, estamos amando a todos los prójimos que ellos encontrarán en su camino...

"Y sabemos que Dios no oye a los pecadores; pero si alguno es temeroso de Dios, y hace su voluntad, a ése oye. Desde el principio no se ha oído decir que alguno abriese los ojos a uno que nació ciego"
(Juan 9:31,32).

Mundo de vitral

*"El temor de Jehová es el principio de la sabiduría,
Y el conocimiento del Santísimo es la inteligencia.
Porque por mí se aumentarán tus días, Y años de vida se
te añadirán. Si fueres sabio, para ti lo serás; Y si fueres
escarnecedor, pagarás tú solo"*
(Proverbios 9:10-12).

Hay un refrán que dice: ¡el corazón de la auyama, sólo lo conoce el cuchillo!

Cuando me trasladé a la ciudad donde actualmente resido, no me imaginaba lo que se vive detrás de cada puerta. En este lugar, gracias a Dios y al apoyo de mi esposo y su familia, siempre me he sentido bienvenida y segura. Mi caso no era como el de muchos otros.

Muchos inmigrantes, como yo, han dejado todo atrás para empezar una nueva vida. Cualquiera que fueran las razones para emigrar, o cuán listos estuvieran o pensaran que pudieran estar, nada podía prepararles para las cosas que vivirían camino al nuevo destino, y a lo que deberían enfrentarse en cada paso del camino, lejos de la tierra natal, compartiendo cada instante con culturas diferentes, comida distinta, y lo más triste, lejos de la familia y amigos. Pese a que no tuve que pasar tantas penurias, como ellos, no sabía lo que la nostalgia era capaz de hacerle a un ser humano, lejos de su tierra.

La nostalgia me hizo entender que Dios me había sacado de mi país, mi lugar de paz y seguridad, para demostrarme que Él era mi proveedor y mi consolador. En cada lugar Dios puso personas, que como si fuesen ángeles, llegaban en el momento exacto. No tendría espacio para agradecer la misericordia de Dios y de todos quienes, aun sin conocerme, me tendieron la mano desinteresadamente, siempre que lo necesité.

Al pasar el tiempo y al visitar diferentes lugares, pude percatarme de que el sistema del país en el que vivo, es como una jaula decorada. Es, como le dicen ¡la ciudad que nunca duerme!

Las personas que habitan en algunos de los altísimos edificios, aunque están rodeadas de muchas luces, son personas rotas y vacías que brillan como cristales destrozados en la oscuridad al ser tocados por las luces de neón, en medio de la noche. Es un mundo de máscaras en donde se compite para demostrar quién tiene lo mejor de cada cosa, creando categorías para las personas y sus destrezas. Los medios de comunicación se encargan de hacerse eco de estas superficialidades, creando prototipos de hombres, mujeres, ejecutivos, profesionales, etc.

Contrariamente, las oportunidades que no existen en nuestros países, abundan en esta ciudad de luces; aquí, el sistema tiene que ser más organizado, y el respeto a los derechos individuales se hace valer; o al menos es lo que muchos piensan.

El desenfreno y las largas horas de trabajo controlan a los habitantes, como que fuesen marionetas caminando en puntillas, al borde de un horno de fuego.

Los niños pasan horas interminables en la escuela y en actividades extracurriculares, no sólo para educarlos, sino para prepararlos a que tengan un mejor futuro acorde con el Sistema; lo hacen también para darles tiempo a los padres a que puedan trabajar con la tranquilidad de que sus hijos están en un lugar seguro.

Este sistema abre una brecha en la que los niños crecen hambrientos de amor, y la ausencia de los padres, parece ser un hoyo negro que se traga cualquier esperanza de poder fundar un hogar normal en donde el amor, la comunicación y el apoyo sean la estructura que ellos tanto necesitan. Esto es cierto: no hay otra opción para muchos; al final del día ¡alguien tiene que sostener a la familia!

Así pasan los días en la ciudad de las torres de hierro. Muchos adultos resienten el frenesí en sus vidas, y terminan haciendo pedazos todo a su paso, al destruir hogares debido a constantes ausencias. A causa de ésto, se producen divorcios repentinos y muchas otras problemáticas relacionadas, por lo cual, algunos niños crecen desnutridos de cariño, y buscan consuelo en lugares equivocados. Una niñez por la que supuestamente los mayores trabajan, resulta también ser otro espejismo como los cristales rotos.

"Encomienda a Jehová tus obras, Y tus pensamientos serán afirmados.
Todas las cosas ha hecho Jehová para sí mismo, Y aun al impío para el día malo"
(Proverbios 16:3,4).

Los años transcurren, los hijos se casan, los de la tercera edad se quedan en casa, vacíos, sin ganas de disfrutar todo por lo que trabajaron, muchas veces solos sin el compañero que se marchó, o acompañados por quien se queda aunque ya no quiere estar, y, ofuscado, porque eso no es lo que estaba en sus planes de vida.

En la Metrópoli hay muchos enfermos por todo el tiempo de trabajo duro en días cuando hasta las pestañas se les congelan, o cuando el calor es asfixiante. En cualquiera de las dos estaciones, quisieran escapar y no mirar nunca atrás, pero esa ya no es una opción. Lo poco del amor que sobra en sus familias, les hace llevadero cualquier dolor por más inclemente que sea el temporal.

Lo bueno o rescatable es que, a pesar de ese horrendo panorama, sí hay hogares llenos de amor y acogedores, que parecen como panales de abejas que polinizan con su amor. Son como jardines u oasis para dejar entrar a muchos a quienes les ofrecen descanso y protección.

"No os hagáis tesoros en la tierra, donde la polilla y el orín corrompen, y donde ladrones minan y hurtan; sino haceos tesoros en el cielo, donde ni la polilla ni el orín corrompen, y donde ladrones no minan ni hurtan. **Porque donde esté vuestro tesoro, allí estará también vuestro corazón"** **(Mateo 6:19-21).**

La podría hasta llamar ¡la fábrica de lágrimas! Hay de todo un poco en esta ciudad industrial. Hay quienes vienen por cuestiones de trabajo temporal, pero que se dejan absorber poco a poco, con lo cual van dejando atrás a sus seres queridos, ya sea por un tiempo, o hasta cuando este monstruo de concreto y metal los absorba completamente.

De los inmigrantes que llegan a esta Metrópoli, muchos llegan incompletos, ya sea por la dignidad o integridad física que perdieron al cruzar el mar, o la frontera indistintamente.

Aquí encuentran pocos amigos; la gente anda ensimismada y determinada a lograr sus objetivos, sean cuales sean. Al formar sus familias emergentes, casi obligadamente para superar la soledad, deben proteger a tiernos hijos, y hacer hasta lo imposible para distraerlos de la realidad que les rodea. Muchos padres se convierten en escudos alrededor de sus retoños y por tanto ya no tienen vida propia: ellos sobreviven atendiendo sus responsabilidades, ya que están vigilados por el Estado y por la Ley.

Ciertamente, la gran mayoría, como todo buen padre o buena madre, sacrifican hasta su propio ser para que sus hijos tengan la mejor educación y cubiertas sus necesidades, todo para que no les toque vivir lo que les tocó a ellos. El resultado final de esta forma de vida: Hijos que se metieron en el Sistema, y padres que se quedaron colgando de la nostalgia.

El haber inmigrado de manera irregular es, como el refrán que dice que "hay caminos empedrados de buenas intenciones, que conducen al infierno". Violencia infantil constituye alejar a los hijos de los padres y exponerlos al peligro de cruzar valles de sombra y de muerte, creyendo en un mundo de progreso material, sin dejarse guiar por la fuerza del Espíritu Santo.

Ningún sistema, por ideal que sea, puede educar hijos satisfechos que se críen fuera del ambiente de una familia bien constituida. Y eso, sin mencionar los hijos que se quedaron en su tierra natal, esperando que sus padres regresen algún día... ¡Eso también es violencia intrafamiliar!

¿Por qué la tacita de té?

En tiempos antiguos, cuando alguien iba al mercado a comprar una vasija, el precio de esa vasija dependía de la perfección con que había sido fabricada. Los alfareros descubrieron que si cubrían con cera las ranuras de vasijas defectuosas, entonces el agua ya no filtraba. Sin embargo, cuando el dueño de la vasija la usaba, el calor ponía en evidencia que no había sido una vasija perfecta, porque la cera se derretía. Esta situación fue la que produjo la palabra "sincera"... El cliente, al escoger una vasija en el mercado pedía una que no tenga ranuras y decía... "deme una vasija sin cera" Por supuesto, una vasija así tenía un costo más alto que las defectuosas.

Actualmente usamos mucho la cerámica, y el material del que se hacen las vasijas ya no necesariamente es el barro... sin embargo eso no quita la idea central de que es un recipiente útil, y también puede tener ranuras.

Cuando se fabrica vajillas de cerámica, si alguna pieza tiene rajaduras, para soldarlas, los fabricantes recurren a una técnica llamada Kintsugi. Esta es una técnica de origen japonés para arreglar fracturas de la cerámica, con barniz de resina espolvoreado o mezclado con polvo de oro, plata o platino. Le llaman "El arte de las cicatrices preciosas", porque el resultado es un recipiente, o taza cuyos pedazos se juntan nuevamente y quedan soldados, convirtiéndose en una joya.

Cuando medito en todas las penurias que pasamos desde niños, en la pedofilia, en las violaciones, en los chantajes, en el divorcio de mis padres y otros acontecimientos que causaron la ruptura de toda mi familia, y que a pesar de todo, con el paso del tiempo tratamos de mantenernos cercanos y preocupados por el bienestar los unos de los otros, pienso en una tacita hecha pedazos que ha pasado por la técnica del Kintsugi, convirtiéndonos en un recipiente del cual pueden salir un cúmulo de vivencias y experiencias que edifiquen a otros, y den los mejores consejos oportunos, para que no desvíen el camino.

Cada uno de nosotros somos como recipientes. De hecho, la Biblia nos asegura que somos "recipientes de barro". Pablo en su segunda Carta a los Corintios 4:6 - 9, les dice: *"Porque Dios, que mandó que de las tinieblas resplandeciese la luz, es el que resplandeció en nuestros corazones, para iluminación del conocimiento de la gloria de Dios en la faz de Jesucristo. Pero tenemos este tesoro en vasos de barro, para que la excelencia del poder sea de Dios, y no de nosotros, que estamos atribulados en todo, mas no angustiados; en apuros, mas no desesperados; perseguidos, mas no desamparados; derribados, pero no destruidos..."*

Cada uno de nosotros tiene un grande potencial dentro de sí mismo. Pongamos como ejemplo esa tacita de té. Esa tacita tiene sus propias características y bondades. Un tecito hecho con amor, puede hasta salvar vidas si llega en el momento indicado, Así como una tacita de té, nosotros poseemos cualidades que Dios quiere usar para bendecir, especialmente cuando llegamos a tiempo para evitar heridas, como las que hemos experimentado.

El trato que se le debe dar a una persona es como el que le damos a una tacita de té: delicado... no se la puede romper y al mismo tiempo usarla, como hace un violador, un pedófilo, que a la vez que la tiene, la maltrata...

Yo estuve como una tacita rota a pesar de tener tanto que ofrecer... y puedo entender el dolor de la ruptura, pero a la vez pregonar la posibilidad de ser soldada, para ser luego más brillante y más valiosa...

El valor que usted le dé a una tacita de té, será el reflejo de cómo usted trata sus cosas... Una tacita, aunque es muy útil, puede también ser muy frágil... cualquier movimiento brusco puede romperla... igual que un corazón...

Un corazón herido sufre inmensamente por las agresiones. Niños maltratados llegan a ser personas con complejos y deficiencias; niños con desbalance químico en su cerebro causado por el abuso al que fueron sujetos a tierna edad; niños ansiosos, depresivos y con baja autoestima que al buscar cariño y protección, se dejan embaucar por esos corruptos y mal intencionados depredadores sexuales y pedófilos, que a la postre, resultan ser también víctimas de una cadena de tratos degenerados que recibieron en su niñez.

Una tacita de té puede estar en las mesas de la más alta realeza, como en el más humilde de los hogares... la taza de té no vale por sí misma, sino por lo que lleva dentro... igual que una persona.

Somos recipientes de barro en el cual Dios ha puesto tesoros... uno de esos tesoros es Su Palabra... Una tacita de té es como una fina pieza de barro... cerámica acabada, que aunque rota, se la puede volver a fusionar con sus pedazos...

Como una pieza craquelada, estamos conformados por pedacitos de vivencias y experiencias. Jehová quiere que esas se vuelvan ministerios y testimonios para la gloria de Dios, y que el aroma que sale, sea percibido por todos aquellos que necesitan consuelo y alivio.

En una tacita soldada con oro en polvo, cada grieta es un pincelazo de amor y de misericordia de nuestro Padre. Él nos trata con amor, y nos deja el recuerdo de nuestras vivencias, pero sanando nuestro dolor. La llama del Espíritu Santo fusiona las fisuras en cada tacita, llenándolas de la gracia que Dios nos quiera dar, convirtiendo nuestra vida en una misión para Su Reino. Cada té que servimos en esa tacita, tiene una característica específica y es único e irrepetible, es por eso que Dios nos dio a cada cual un propósito en la vida, aun en las tribulaciones.

Aunque sientas que eres una tacita de té no lo suficientemente grande o bonita, es hora de limpiarla y brindar a quienes te rodean, lo que nuestro Padre Celestial ha puesto en ti, para beneficio de otros. ¡Hay tés que se sirven para sanar, para energizar o para alimentar! ¿Cuál eres tú? No podrás saber a qué sabe la infusión que sirves, ni las propiedades que tiene, si no la pruebas primero. Un enfermo no debe sanar a otro enfermo; el que busca sanidad empieza a sanar cuando ve la salud en quien le cuida. El don de la sanidad que tienes, tendrá resultado sólo luego de que ejerza efecto en ti mismo.

"Nada hagáis por contienda o por vanagloria; antes bien con humildad, estimando cada uno a los demás como superiores a él mismo; no mirando cada uno por lo suyo propio, sino cada cual también por lo de los otros"
(Filipenses 2:3,4).

De mi vida puedo resumir que cada pieza fusionada permanece unida por la gracia de Dios. A pesar de que se divorciaron, mis padres no han dejado de ser nuestros padres. Los hijos no hemos dejado de honrarles, pese a los interrogantes respecto a los dolores de nuestra niñez, porque consideramos que el silencio, ya sin rencores, es parte de la honra que como padres les debemos. Dios ha sido nuestro Padre perfecto.

"He entendido que todo lo que Dios hace será perpetuo;- sobre aquello no se añadirá, ni de ello se disminuirá;

y lo hace Dios, para que delante de él teman los hombres. Aquello que fue, ya es; y lo que ha de ser, fue ya; y Dios restaura lo que pasó"

(Eclesiastés 3:14,15).

Paz

Esta palabra, paz, era algo común de escuchar cuando en la escuela nos enseñaban sobre Moral y Cívica. Cuando niña, apenas sólo relacionaba la palabra paz con conflictos entre países; no me imaginaba que en mi adultez me enfrentaría con el sentimiento de desconsuelo, por la falta de paz en mi corazón.

Son nuestras elecciones las que definen nuestro destino. He aprendido que la madurez no es suficiente para poder escoger inteligentemente; entiendo ahora que nada ni nadie que vaya en contra de los mandamientos de Dios, es bueno para mí, ni me da paz.

La paz real es esa que sólo Dios puede dar; nosotros, los seres humanos, pensamos que nuestra vida nos pertenece, y que eso nos da el derecho de actuar como queramos. Ojalá me fuera posible conversar con todas las personas que en este momento están a punto de tomar una decisión errónea, para disuadirlos... Sin embargo, con un poco de desasosiego, es precisamente en este momento que recuerdo lo que me dijo mi hermana a la cual amo tanto: ¡Tú no eres Dios, manita!

La fórmula perfecta para perder la paz es la desobediencia, el no querer escuchar un consejo sano, y querer jugar a ser Dios. El Señor nos creó y sabe de lo que somos capaces y nos da discernimiento de lo que debemos o no debemos hacer.

"La paz os dejo, mi paz os doy; yo no os la doy como el mundo la da. No se turbe vuestro corazón, ni tenga miedo"
(Juan 4:27).

Por supuesto que en Cristo todo lo podemos. Lo bueno y agradable es lo que se puede hacer para obtener bendición y paz; si se hace lo opuesto, se obtendrá una vida llena de sufrimiento para uno y los nuestros.

Este tema lo fui dejando hasta final, porque la paz es un trofeo por el que lucho en oración a diario. Cada día trae su afán, y con él las batallas que se presentan entre la persona que somos, y la que Dios está moldeando. Una vocecita interna susurra al oído; es ella la que nos dará la victoria en cada batalla.

La batalla es para que se vayan cerrando las fisuras de los recuerdos que ya no deberían lastimar, pero que están allí como experiencias. Ya no duelen, porque como las fisuras se fueron soldando, y sanando las heridas, con cada fisura arreglada con la Palabra de Dios que es como oro en polvo, vino el perdón, y con el perdón la paz.

"Examinadlo todo; retened lo bueno. Absteneos de toda especie de mal. Y el mismo Dios de paz os santifique por completo; y todo vuestro ser, espíritu, alma y cuerpo, sea guardado irreprensible para la venida de nuestro Señor " (1Tesalonisenses 5:21 - 23).

El Espíritu Santo es nuestro consejero y mentor. Su voz puede ser escuchada en nuestros corazones, moldeando nuestros pensamientos. Es nuestra soberbia la que nos induce a dejarnos ser usados por quienes nos dan malos consejos, o nos tientan, o nos maltratan, o nos chantajean, o nos manipulan, abocándonos a un encuentro con la maldad, y nos hacen caer en desatinos, en especial cuando se aprovechan que somos inocentes niños.

No habrá paz si no hay un reconocimiento frontal de haber pecado y haber perjudicado a terceros. Mientras los ofensores no pidan perdón, no habrá paz para aquellos que dañaron las almas de inocentes, aunque ya hayan sido, por el mandato de Jesucristo, perdonados setenta veces siete.

La fe en un Dios perdonador por excelencia, es la que nos da paz. Cuando confiamos en nuestro Padre Celestial, aun en las tormentas, podemos permanecer en paz, porque tenemos la certeza de que descansamos en las promesas de Jehová que con su Santo Espíritu Santo vela por nosotros día y noche.

La desesperanza llega cuando hay incertidumbre en la vida, cuando no tenemos control sobre nuestros actos y sobre nuestro entorno. La paz nos abandona cuando forcejeamos con Dios, al querer que nuestras elecciones y decisiones sean más acertadas que las que Dios pautó para nuestras vidas, desde el principio de los tiempos.

Para mí, el único antídoto y fórmula que me dio resultado al buscar la paz interna se llama ¡Jesucristo y su amor infinito! Cuando acepté que Dios me había perdonado, y pude perdonarme, ese día fui libre y sentí cómo todas las cadenas se rompían. Desde ese momento, realmente no me he inquietado más en saber si mis ofensores se arrepintieron o no, o, si al menos tenían conciencia de sus malos actos. Les he dejado libres, para que ellos trabajen ante Dios, con su conciencia.

Hubo momentos en que creí que Dios me había dejado sola en mi recorrido por la vida; tenía una venda que no me dejaba ver que muchas cosas que no las conseguía, era el favor y la protección de Dios, para que yo no sufriera más; y que las oportunidades que se dieron, fueron porque Él puso gracia y favor en mi camino. Hasta antes de aceptar que Jesucristo era el todo para mi vida, y antes de conseguir "la paz que sobrepasa todo entendimiento", mi idea de Dios, era incierta, y yo no me había dado cuenta de ello.

Ahora, cuando tengo la convicción de que el Dios en el que creo es Todopoderoso, nada en el mundo puede quitarme la paz; y con la paz, ha venido el perdón para mis ofensores.

Si algo le pido a Dios todos los días, es que aquellos que trataron de dañarme desde mi niñez, incluyendo a mis más cercanos, abran los ojos de su ignorancia y comprendan que ¡No hay paz lejos de Dios!

La mujer

*"Engañosa es la gracia, y vana la hermosura;
La mujer que teme a Jehová, ésa será alabada"*
(Proverbios 31:30).

Mis hermanas y yo vivimos bajo la protección paterna. Nuestra madre estuvo más bien ausente durante parte de nuestra niñez; ella tuvo que dejarnos al amparo de papá, ya que el lugar donde fue a vivir, nos resultaba peligroso.

Debido a la distancia, la ausencia de mi madre en los momentos más cruciales de mi vida, de todos modos me ha dado una experiencia maravillosa para cuando me ha tocado ser mamá. Amo y agradezco a Dios por un millón de razones. Al amar a mis hijos y preocuparme por su bienestar, valoro el sacrificio de Dios al darme Su único Hijo, para que yo tuviera vida eterna, y por darme la virtud inigualable de traer vida al mundo, al ser madre.

La experiencia de mi vida está ligada más bien a la educación que me proveyó mi padre. Mi padre me formó no con mentalidad ni de mujer, ni de hombre, sino para que pueda pensar con libertad, sin ataduras de género. Sin embargo, al darme esa educación, también puso énfasis en mi identidad como mujer.

En un mundo donde el hombre se ha enseñoreado, ha dominado y tomado decisiones sobre toda circunstancia, el hecho de ser mujer ha resultado un acto de heroísmo, lo cual es una contradicción, si se toma en cuenta que la mujer es quien da a luz, amamanta y cuida los primeros pasos que dan los hombres. Esta contradicción de ser hija mujer criada por mi padre en ausencia de mi madre, de todos modos ha resultado muy beneficiosa, o quizás no traumática. La experiencia dice que una hija que tiene a su padre como su escudero, tiene una personalidad más firme y menos volátil que una mujer a la que el padre le haya hecho falta. Esto, de algún modo compensa todo aquello que, a lo mejor yo habría alcanzado si hubiera vivido con mi madre.

Cuando examino la interacción entre hombres y mujeres, analizo a profundidad la frase que dice "detrás de cada buen hombre, hay una buena mujer". Es ahí cuando me doy cuenta que muchos de los problemas que aquejan a nuestras sociedades, vienen de una mala interpretación del rol que le corresponde a cada quien. Debido a que el hombre fue creado como cabeza, y la mujer como su ayuda idónea, o sea, el uno no está adelante, ni la otra atrás, por tanto, su responsabilidad frente a la familia, al ámbito donde vive, y ante Dios mismo, es una responsabilidad compartida.

La mujer que le dice "si" a un hombre cuando sabe que lo correcto es decirle "no", contribuye a acentuar lo que se conoce como el "Machismo". La "mujer virtuosa" efectivamente comienza por ser elogiada, y por lo mismo, ser elegida para matrimonio. El hombre digno, no comete actos violentos contra las mujeres, peor contra las niñas.

La manipulación, lastimosamente, es una característica en muchas mujeres, y eso se va aprendiendo de generación en generación; todo esto se ha hecho más evidente para mí, al recordar las visitas de mi abuela. Siempre noté que mi padre se transformaba y actuaba de manera hostil con nosotros sus hijos. Después supe que mi abuela nunca quiso a mi madre. Esa actitud la aprendimos todos, de niños. Sólo pudo ser asimilada como errónea, cuando crecimos y entendimos que el hombre, o sea mi padre, estaba siendo complaciente con las imposiciones de su madre, aún a costa de nuestro sufrimiento. Las "suegras", o sea las madres de los esposos, tienen lo que se llama "mala fama", precisamente por el alto grado de influencia en sus hijos, lo que no sucede siempre en la relación suegras con yernos. En definitiva, muchas suegras no conservan la prudencia y causan conflictos innecesarios en los hogares.

Esta debilidad de carácter de mi padre, forjada por su madre, quizás sea la causa por la cual él nunca reaccionó, incluso ni nos creyó cuando, estando él presente en la clínica, le decíamos lo que nos hacía el médico pedófilo que supuestamente nos "examinaba". Han pasado los años y no le he preguntado a mi padre si él llegó a aceptar esta triste realidad, o si, efectivamente, fue honesto al no querer "quitarle el honor a un médico muy estimado por la sociedad". Respecto de la defensa frontal que hacía de mi tío "oveja negra", ya no es necesario insistir, porque mi padre, como recordarán, le defendió a capa y espada diciendo que era "un modelo de hijo", resaltando el hecho de que fue quien se hizo cargo de mi abuela en su vejez.

Con mi madre, en cambio, hemos mantenido una cercana relación; y, a pesar de la distancia, siempre hemos estado pendientes la una de las otras. Cierto día, cuando vino a visitarme, yo, disimuladamente toqué el tema de mi tío al cual llamamos "oveja negra" y de mi repudio hacia él, no solamente por pedófilo, sino por el rol que jugó para la disolución del negocio y del matrimonio de mis padres. Para mi sorpresa, mi madre me respondió, de manera insensible y desafiante, con otra pregunta y me dijo: "¿él te violó?"... Ese mismo silencio de cuando yo era pequeña, sorprendentemente encontré que perdura en mi madre, de quien creí habría, con el tiempo, hecho conciencia del daño terrible y casi irreparable que causa un pedófilo. Lastimosamente, los arrastres culturales son más fuertes incluso que la Fe.

La pregunta de mi madre, hecha en lugar de darme una respuesta, me recordó la ocasión en la cual, luego de mucho tiempo, tuve el valor de hacerle saber a mi padre, sobre mi desagrado por mi tío "oveja negra". En tal ocasión, le recriminé el hecho de que no defendiera a mi mejor amiga, cuando mi tío la acosó. La respuesta de mi padre fue que ¡a mi tío le gustaban las niñas de doce años!... En ese momento, horrorizada, yo confirmé que mi padre sabía sobre la maldad de mi tío "oveja negra", y al parecer mi madre también... Pero el silencio ha seguido.

Mi padre se hizo cargo de nuestra crianza y aún es un abuelo extraordinario con mis hijos... Yo no sé si mi amor, mi respeto, mi gratitud por él opacan y entierran en lo más profundo de mi corazón los hechos que, supongo, él debía afrontar... Una ranura de la tacita rota pero soldada con polvo de oro y transformada en una obra de arte es esta vivencia...Yo les he perdonado, a mi padre y a mi madre, aun sin esperar que el ofensor pida perdón, y sin averiguar si su ignorancia es premeditada, o legitima.

Mi Padre Celestial me dio el mejor papá en la tierra; a pesar de aquel episodio de la niñez, él me dio buena educación y las herramientas y libertad para poder, ahora, escribir sin miedo a persecución, lo que les pasa a muchas mujeres, alrededor del mundo.

Hoy más que nunca reconozco que Dios tuvo misericordia por el lugar en donde nací, porque para muchas mujeres, vivir en ciertos países es una cuestión de supervivencia. En mi país es muy difícil ser respetada, y más si son mujeres de bajos recursos económicos. Aun así, por proteger a mi familia, decidí no poner mi nombre como autora de este libro, sino un pseudónimo, pues me di cuenta de que no hay tal libertad. He tenido que reconocer, que ese mismo temor a represalias en contra de mis seres queridos, es el mismo que tienen muchas personas esclavas del miedo y el terror en países donde hay intolerancia y esclavitud.

"...Si vosotros permaneciereis en mi palabra, seréis verdaderamente mis discípulos; y conoceréis la verdad, y la verdad os hará libres
(Juan 8:31-32).

A propósito, me llega a la mente cómo en nuestras universidades, muchas jóvenes están siendo educadas por maestros que maltratan a sus esposas, pero enseñan sobre valores y civismo. Observé el caso de un profesor que enseñaba respeto y consideración, moral social, etc., pero abofeteaba a su esposa en pleno parqueo de la Universidad. Muchos maestros usan su posición para chantajear a estudiantes, a cambio de aprobarles la materia o subirles puntos en las calificaciones, y les hacen la vida un tormento, por puro capricho. Por las influencias que tienen estos profesores, las quejas contra ellos son ignoradas y ocultadas; esto pasa de promoción a promoción, y nada cambia. Se somete a nuestros estudiantes desde su formación universitaria, a ser usados y a ver y callar, porque la impunidad es parte de nuestra idiosincrasia, en favor de los corruptos y abusivos. Lastimosamente, es igual al silencio de mis padres.

En nuestros países, debido a cómo funciona el sistema educativo, centralizado en la autoridad gubernamental, todavía es como en los tiempos de las tiranías: algunos maestros de los que están llamados a velar por la protección y educación de nuestros hijos, tienen otras mujeres e hijos en cada provincia donde son asignados. Lejos de sus hogares primarios, se los ve frecuentando los lugares de expendio de bebidas alcohólicas que rodean las universidades, del brazo de estudiantes que pagan con sus favores, las buenas calificaciones.

Yo solía tomar clases en un Instituto y para llegar allí, tenía que pasar por el frente de la Universidad pública de mi ciudad. Me da pavor recordar lo que escuché de los choferes del transporte público, relatando de las barbaridades a las que les sometían a las estudiantes de pocos recursos, a cambio de no cobrarles el pasaje. Las pobres muchachas pagaron un altísimo precio por asistir a la Universidad.

La historia no era diferente cuando tomaba autobuses. Los choferes y cobradores, eran como "Don Juanes" y se les ve, hasta el día de hoy, acosando a las jovencitas, que a veces, siendo menores de edad, tienen que lidiar con estas diarias y peligrosas letanías.

En aquellos días a los que me refiero, no había extensiones universitarias en las provincias, por lo que los estudiantes viajaban para tomar sus clases a la Capital. Muchos no podían pagar el transporte y se los veía caminar bajo la lluvia; se los veía en la cafetería con hambre, estudiando hasta la próxima clase. Al terminar las clases, tenían que batallar con la persecución diaria de depredadores en las afueras del centro docente.

Se me estruja el corazón al pensar que nuestras propias hijas tengan que pasar por esos mismos lugares, expuestas a tanta maldad; no puedo evitar cuestionarme qué motiva este comportamiento en los hombres, y en algunas mujeres también.

Por la naturaleza de mi trabajo, me tocó conocer personas de diferentes nacionalidades, y tener referencia de cómo en sus países era el trato a las mujeres. Se me dijo que en mi país las mujeres teníamos más oportunidades, y dependiendo las circunstancias, muchas más esperanzas de triunfar en un mundo de hombres. Eso no me hará nunca justificar ningún tipo de maltrato en contra de ningún ser humano; lo que sí pude constatar es que en nuestro Continente Americano de habla castellana, el abuso es fomentado en los hogares y, lo dicho, es visto como algo cultural.

El abuso, en toda su extensión, aunque sea una manifestación natural de una cultura, es falta de temor y amor a Dios, y una ignorancia extrema. Todos se escandalizan al ver los titulares sobre la magnitud de las desgracias y asesinatos a causa de la violencia doméstica, pero no lo asimilan, ni lo relacionan como una consecuencia generacional.

"... ¡Jehová! ¡Jehová! fuerte, misericordioso y piadoso; tardo para la ira, y grande en misericordia y verdad; que guarda misericordia a millares, que perdona la iniquidad, la rebelión y el pecado, y que de ningún modo tendrá por inocente al malvado; que visita la iniquidad de los padres sobre los hijos y sobre los hijos de los hijos, hasta la tercera y cuarta generación"
(Éxodo 34: 6, 7).

Nuestros jóvenes van a actuar y se van a comportar dependiendo de lo que vean en sus propios hogares. Los padres y madres tienen un rol específico dado directamente por

Dios. Los hombres tratarán a sus mujeres de la misma manera en la vieron a sus padres tratar a sus madres; las jóvenes se amarán a sí mismas y exigirán respeto, tomando en cuenta el amor propio que vieron en sus madres. No importa contra quien se deba luchar, la crianza basada en valores y en los Mandamientos de la Ley de Dios, es lo que sus hijos deben recibir en sus hogares.

Seamos mentores de la juventud que nos observa. Dejemos de fingir y comencemos a ser genuinamente sinceros; valoremos y respetemos a nuestras parejas e hijos, nuestras familias son nuestro proyecto de vida; los trabajos y cosas materiales se esfuman en un instante. Sólo Dios es prefecto, abramos los ojos e identifiquemos las mujeres y hombres que necesitan guía y apoyo a nuestro alrededor. Aunque no lo creamos, hay mucho potencial en cada ser humano, independientemente de su grado de instrucción, que Dios va a usar si se le permite, para cambiar vidas, para bien.

El egoísmo no viene de Dios, son innumerables las veces que Dios envió sus ángeles a cuidarnos en momentos oscuros. Viviendo para nosotros mismos, no podemos lograr ningún milagro. La educación es vital para que nuestros jóvenes tengan un mejor futuro...

Es imposible para ningún ser humano existir y sobrevivir con integridad, sin la intervención conjunta de un hombre y una mujer. Yo fui criada por mi papá. El ministerio que Dios ha puesto en mi corazón es para auxiliar a personas, niños y mayores sin hogar, y maltratados.

"Al oír esto Jesús, les dijo: Los sanos no tienen necesidad de médico, sino los enfermos. No he venido a llamar a justos, sino a pecadores"
(Marcos 2:17).

Un ser humano criado con amor y educación, forja oportunidades para su familia; esto significa que con Dios en sus hogares, habrá familias llenas de amor, paz y prosperidad; tendremos más y mejores ciudadanos comprometidos a formar un mejor futuro para las generaciones venideras.

Dios ha sido bueno conmigo. Tengo la dicha de contar con una suegra que me guía y me da cariño sincero; tuve el privilegio de vivir muy cerca de mis abuelos, quienes nos rodearon de amor y mimos (¡los abuelos son mimadores!). El tiempo me ha enseñado que la bendición que tengo en mis padres, proviene de las que mis abuelos proveyeron. Mi abuela me enseñó que sin ellos no hay nosotros... que nadie te ama más, que aquel que ama a tus hijos... Y, defendiendo la estabilidad de pareja, poniendo énfasis decía: "sin gallo, no hay huevo".

"La mujer cuando da a luz, tiene dolor, porque ha llegado su hora; pero después que ha dado a luz a un niño, ya no se acuerda de la angustia, por el gozo de que haya nacido un hombre en el mundo"
(Juan 16:21).

Señales de alerta

"Manzana de oro con figuras de plata, es la palabra dicha como conviene"
(Proverbios 25:11).

Aún en el reino animal, Dios los creó en pares. Trabajar en equipo es de vital importancia para que todo marche bien; esto se aplica a todo en la creación.

Para que dejemos un mundo mejor para nuestros hijos, es vital desechar el egoísmo y la hipocresía, e involucrarnos más en lo que pasa a nuestro alrededor. No podremos hacer del mundo uno perfecto, lo que si podemos hacer, es dejar una huella que guie a esta generación a un mejor camino que el actual. Y aunque haya pesimismo, lo importante aquí no serán los resultados finales, sino la conciencia final de cada quien.

Nuestros niños tienen un corazón inocente. He observado bebés presenciando injusticias, y protestando sobre ello; acto seguido, he visto cómo los padres los reprenden diciendo: "no es problema nuestro, no puedes ser tan bueno o no podrás sobrevivir en este mundo" (¡!). Es una contradicción el hecho de que esos mismos padres, irresponsablemente dejan a sus niños, indefensos, a merced de depredadores que se disfrazan detrás de "coaches" o entrenadores, cuidadores, mentores, tíos, parientes cercanos, curas, etc., y luego no les dan crédito cuando se quejan los niños, porque más importante resulta mantener las apariencias.

Sé que hay que ser cauteloso al lidiar con la maldad, pero ¿en serio? ¿A usted le gustaría encontrarse en problemas, y que la gente se haga de la vista gorda? La indiferencia y la maldad se han multiplicado tanto, que nos hemos deshumanizado. Es alarmante ver cómo, por ejemplo, dejan morir seres humanos, porque están más concentrados en grabar o transmitir desde sus celulares lo que sucede, o robar lo que queda de los accidentados, en vez de auxiliar al prójimo accidentado.

Algunas estadísticas muestran el nivel de agresividad de cada género y raza, y determinan incluso cuál género es más propenso a triunfar en la vida, tomando en cuenta la presencia paterna o materna en el hogar.

Usar estereotipos, generalizar o discriminar una etnia, un género o lugar y su gente, no viene de Dios y no es inteligente ni justo. Menciono estos puntos, basándome en la realidad que se vive en algunos lugares, en relación con el maltrato, cualquiera sea su manifestación. Incluso en actos violentos que acaparan los titulares de los medios masivos, hay un patrón con relación al género y a la crianza de los involucrados. Se ha visto de todo, lo sé; de cada lado hemos contemplado barbaridades ejecutadas por los perpetradores en cuestión.

Cuando nos casamos y somos personas criadas con valores firmes, con relación al respeto que se merece un ser humano, debemos ser intolerantes frente al maltrato. La pedofilia es una mala semilla puesta en el corazón de un malvado, que pudo haber dañado, o distorsionado el corazón de un niño o niña abusados. La personalidad de hombres y/o mujeres que ha sido abusados, atrae a abusadores, y las secuelas sólo van a hacerse evidentes, hasta cuando comience una vida de pareja, donde aparecerán interferencias arruinando la relación íntima, sin que la otra parte tenga idea de lo que causa este fenómeno.

Es imperativo romper el círculo vicioso de padres abusivos, hijos abusados. Los perseguidores que han generado lo que ahora se ha vuelto tan de moda, el bullying, son aquellos que al ser víctimas de abusos de quienes conviven con ellos, se desquitan y agreden a los indefensos, porque como no pueden devolverles el golpe a sus abusadores, los lanzan contra sus congéneres débiles. El rompimiento de este ciclo generacional, sólo es posible hacerlo cuando la persona se convierte en nueva criatura.

Si te ha tocado, luego de haber sido víctima de algún maltratador en tu niñez, enfrentar un matrimonio abusivo, debes saber que el remedio más eficaz para disminuir, y en su momento desaparecer la violencia de género, la pedofilia, la trata de personas, la explotación sexual, el acoso en los lugares de trabajo, es criar responsablemente a nuestros hijos, inculcándoles el amor a Dios; y, por supuesto, denunciar el abuso en nuestras relaciones o en nuestro entorno.

Esto es necesario hacer, sin dejar de hacer lo otro.

"Cree en el Señor Jesucristo, y serás salvo, tú y tu casa" **(Hechos 16:31).**

Las personas que muestran señales de ser víctimas de violencia doméstica, en su mayoría son mujeres; el hombre también lo sufre, pero es más difícil identificar los maltratos. La reacción que toman en cuanto a denunciar la violencia, es diferente entre hombres y mujeres. De los hombres que han sido violados, algunos se convierten en pedófilos y abusadores; y una vez que se habla abiertamente del homosexualismo, se sabe que muchos de ellos precisamente fueron víctimas de pedófilos.

Las niñas violadas o manoseadas en su inocencia, después, por lo general, son mujeres inseguras, propensas a considerarse objetos sexuales, y tienen el peligro de creer que nacieron para ser maltratadas. Esta mentalidad, en la mayoría de los casos es inculcada por los mismos padres, porque no las apoyaron, ni las creyeron cuando denunciaron el abuso, ofendiéndolas más, ya que el violador fue gratificado al no reclamarle siquiera por su aberrante acto, o al no denunciarlo.

Por esta misma razón podríamos asegurar que la mujer manipulada por su esposo, primero fue manipulada por sus padres, que lograron imponer a sus hijas la carrera que han de estudiar, el marido con quien se han de casar, y cómo deben comportarse en sus hogares, aún a sabiendas de que son maltratadas.

A continuación, veamos algunas señales que diferentes estudiosos de disciplinas del comportamiento humano y la Psicología han listado, para ayudarnos a identificar posibles indicios de abuso:

- La persona abusada se encorva al caminar o sentarse.
- Su apariencia física cambia considerablemente, se ven desaliñados/das.
- Ha ganado mucho peso y come desmedidamente, o no tiene apetito.
- Si está casado, sólo asiste a actividades relacionadas con amigos y familiares de la pareja.
- El compañero o compañera ocupa el tiempo que ella/el pueden usar para visitar a sus amistades.
- No tienen amistades en común y la pareja no muestra interés por conocerles tampoco.
- Sufre de insomnio, desarrollan problemas de memoria y concentración.
- Su piel y cabello se ven débiles y envejecidos.

- Son ridiculizados en frente de amigos y familiares.
- Es víctima de infidelidad.
- Tienen pesadillas y terrores nocturnos.
- El abusador crece y se supera, y la persona maltratada se estanca a causa de ansiedad y depresión.
- Son tratados/as como sirvientes.
- Son desacreditados con familiares para excusar sus infidelidades.
- Sin importar el nivel académico o profesional de la persona, tratan de hacerles creer que no valen nada.
- Son amenazados con quitarles sus hijos.
- Nada de lo que hacen parece complacer a la pareja.
- Les tildan de locos/as cuando enfrentan infidelidades en sus matrimonios.
- Les aplican la famosa ley del hielo, cuando son manipulados para ser víctimas de injusticias.
- Los esposos/as sólo quieren hacer vida social en sus tiempos, y con sus amistades.

- No pueden protestar ni comunicar sus sentimientos, el otro es quien siempre tiene la razón.

- Se les quiere hacer creer que todo es su culpa, y que todo lo malo que les hacen es culpa de él/ella.

- Les dicen que les ha tocado el/la mejor del mundo, y que fuera de él/ella, no podrán conseguir otro/a.

Debe ser difícil tener que dormir al lado de alguien que maltrata; más aún, debe ser un calvario, tener que convivir con alguien que no reconoce que es un abusador. Estos abusadores, presumen que los matrimonios de sus padres son perfectos, aun sabiendo las cosas horribles que vieron en la relación entre sus progenitores.

Cuando recibimos a Jesús como nuestro redentor y se ora, y ayuna con fervor, Dios nos equipa para enfrentar esas situaciones, mientras llega el momento en el cual la pareja también acepte a Jesús como su salvador. Solamente en ese momento, el maltratador sabrá que el amor, no es el sentimiento que él o ella querían expresar a través del maltrato, sino aquel que nos fue dado por el Padre a través de Jesucristo, y que nos enseña cada día a ser mejores.

"Porque toda la ley en esta sola palabra se cumple:
Amarás a tu prójimo como a ti mismo"
(Gálatas 5:14).

Amado lector:

¿Quieres saber cómo iniciar la guerra de amor, para ganar para Dios esa alma de tu esposo/a cuyo corazón ha caído enredado en la trampa del pecado que le hace una persona abusiva? Con amor... entregando tus cargas a Dios, y dejando que sea Él quien la moldee. Dios te dará día a día las armas para luchar cada batalla, porque... *"en todas estas cosas somos más que vencedores por medio de aquel que nos amó"* con amor inefable, esto es, Cristo Jesús, Señor nuestro.

Actuando igual que siempre, no obtendrás ningún cambio para bien; empieza por poner a Dios primero. La excepción, sin dejar la prioridad para Dios, debe ser el acudir a una autoridad, sin demora, en caso de ser maltratado/a físicamente.

"Así que, sigamos lo que contribuye a la paz y a la mutua edificación"
(Romanos 14:19).

Cuando Cristo vive en ti y renuncias al viejo "yo", todo y todos a tu alrededor cambian. Amar como Dios ama, eso es lo que nuestro Señor quiere. Cuando pienses y actúes como Él, las ofensas no te herirán, y podrás dar amor a cambio de cada una de ellas.

El amor del Señor hacia nosotros es infinito y no deja de ser porque no le busquemos, o le fallemos; eso se llama gracia. Cuando dejas de pensar en lo que sientes y actúas brindando la misericordia de nuestro Padre, la gente querrá saber qué es lo que te hace ser como eres.

Mujer u hombre que desde niños hayan experimentado maltrato, persecución, violación, manoseos, abusos psicológicos, acosos, así como Dios define el amor al prójimo en Sus mandamientos, así es como conseguirás conquistar el corazón de tu pareja para el Señor. Créeme, será difícil, a veces te sentirás derrotado/a al ver que no hay cambios inmediatos, pero con el tiempo valdrá la pena ¿sabes por qué? porque ya no estarás solo/a, Jehová estará contigo y en Su tiempo te dará la victoria.

Cuando lleguen esos días de desilusión y desconsuelo, porque creas que tus oraciones no están dando resultado, alaba y ora a nuestro Padre, Él dará paz y gozo a tu corazón, aun en la tormenta. ¡Él hace todo nuevo!

"No te acuerdes de las cosas pasadas ni traigas a memoria las cosas antiguas"
(Isaías 43:18).

Tú debes ser el modelo en tu hogar, todos deben ver y sentir a Jesús por medio de ti; ellos seguirán tu ejemplo. Lo más importante es que siempre le des la gloria sólo a Dios; tu obediencia y fidelidad harán todos tus sueños realidad.

Recuerda, para todo hay una excepción. Si eres víctima de abuso físico y mental busca ayuda de las autoridades o de cualquier persona que te pueda auxiliar. Nunca estará por demás la orientación de profesionales de la Psicología o Psiquiatría, hasta superar los impactos del maltrato. Recordemos que hay dos términos fundamentales en las relaciones humanas: apoyo y solidaridad.

"En todo os he enseñado que, trabajando así, se debe ayudar a los necesitados, y recordar las palabras del señor Jesús, que dijo:
Mas bienaventurado es dar que recibir"
(Hechos 20:35 RVR1960).

Hombres y mujeres somos quienes impulsamos la vida cotidiana, y con mucha paciencia y dedicación formamos hogares saludables, y mantenemos la unión y armonía en las familias. Con tanta responsabilidad en nuestros hombros, es fácil desgastarse si no hay una distribución equitativa de los deberes y roles en cada morada; recordemos que en nuestras comunidades hay hogares conformados por una madre y un padre; desafortunadamente, esto no ocurre en todos los casos y por eso es necesario identificar las necesidades, y crear más planes de ayuda y educación para padres o madres solteras y sus hijos.

Independientemente de si en un hogar exista una figura paterna o no, las posibilidades de fomentar ambientes adecuados para un sano crecimiento, tanto de los niños y de todos los que habiten en un domicilio, dependerá de cómo cada miembro de una comunidad se involucre.

Dios ha sido claro en el amor y auxilio que debe recibir nuestro prójimo de parte nuestra. El Señor no dice que es tarea de nadie en específico… se nos asigna ese deber a todos. Creámoslo o no, en cada uno hay un potencial infinito de bendición.

"La fe mueve montañas"
(Mateo 17:20).

Si usamos cada cosa buena en nosotros para trabajar en equipo, será más fácil sobrellevar las cargas los unos de los otros. Hay muchas maneras de lograr nuestros objetivos comunes. Cómo lo hagamos y qué rutas tomemos para alcanzarlos, es exclusivo de cada persona; no debemos juzgar los métodos y acciones que observamos en los demás.

Seamos una bendición invisible, pero también seamos una palpable y fructífera; sirvamos sin vanagloriarnos; ayudemos sin juzgar ni comparar nuestros talentos. Tu fortaleza puede ser ineficaz frente a las dificultades que enfrenta la otra persona; es fácil criticar cuando se ignora la magnitud del problema que aqueja al otro individuo.

"Mas cuando tu des limosna, no sepa tu izquierda lo que hace tu derecha"

(Mateo 6:3).

¿Cómo lo haría Jesús manejando las relaciones humanas? ¡Esa es la respuesta!

De la autora
(T. Monarch - Anónimo):

Yo soy cada uno de ustedes que lee este libro ¡Quiero que toda la gloria de cada cosa que Dios haga a través de mí, sea sólo para mi Señor! Él es quien me ayudará a llegar en el momento, a cada quien que necesite leer estas líneas.

Junto a mi familia trabajo en labores sociales en mi país natal y en los Estados Unidos. Varios de mis familiares son misioneros en diferentes partes del mundo; junto con ellos queremos abrir una casa hogar para niños y niñas; también, desarrollar un programa de ayuda a solteros para cuidar a sus hijos, mientras ellos estudian y trabajan.

Al publicar este libro, mi intención es recordarles que la Palabra de Dios es vida y que Él Es Amor y liberación para todos quienes han sufrido, y sufren maltratos, violaciones, persecuciones, pedofilias, acoso sexual.

Mi padre, mis tías que me criaron, mi madre aunque viviendo en tierras lejanas, nos han tratado a mí, a mis hermanas y a nuestros hijos siempre con respeto y consideración, y eso nos ha servido de referente para conducirnos, actuar y establecer nuestros estándares al elegir lo que deseamos de nuestras vidas, luego de reencontrarnos con nuestro Señor y Salvador.

¿Quién soy? Soy un humilde instrumento en las manos de nuestro Padre Celestial. Mi mayor anhelo es que el tema tan fuerte que he escrito, impacte en cada lector, para que mi experiencia dolorosa ayude a rectificaciones, y este mundo resulte más llevadero.

Efectivamente, yo soy cada uno de ustedes que lee este libro. Yo soy una que también pide... "por y para los que faltan: ni una más".

¡Eres lo que puedas hacer por los demás, en Cristo Jesús!

www.ingramcontent.com/pod-product-compliance
Lightning Source LLC
LaVergne TN
LVHW051509070426
835507LV00022B/3004